INTERPRETATIONEN DEUTSCH

DANIEL KEHLMANN

Die Vermessung der Welt

Interpretiert von
Nicole Spitzley

STARK

Bildnachweis
Umschlagbild: © rgbdigital.co.uk – Fotolia.com
S. 3 (Daniel Kehlmann): ullstein bild – Jürgen Bauer
S. 10 (Gauß): http://upload.wikimedia.org/wikipedia/commons/0/0d/10_DM_Serie4_Vorderseite.jpg (gemeinfrei)
S. 10 (Humboldt): http://upload.wikimedia.org/wikipedia/commons/e/e9/Pickersgill_humboldt.jpg (gemeinfrei)
S. 17 (Reiseroute): http://commons.wikimedia.org/wiki/File:AvHumboldts_Amerikareise_map_de.png?uselang=de. Alexander Karnstedt (Alexrk). Diese Datei ist unter der Creative Commons-Lizenz Namensnennung-Weitergabe unter gleichen Bedingungen 2.5 US-amerikanisch (nicht portiert) lizenziert.
S. 19 (Humboldt und Bonpland am Chimborazo): bpk/Stiftung Preussische Schlösser und Gärten Berlin-Brandenburg/Hermann Buresch
S. 31 (Humboldt in jungen Jahren): http://upload.wikimedia.org/wikipedia/commons/8/8d/Alexander_von_Humboldt-selfportrait.jpg (gemeinfrei)
S. 36 (Gauß mit Fernrohr): bpk
S. 42 (Schiller, Goethe und die Brüder Humboldt): http://upload.wikimedia.org/wikipedia/commons/2/21/Weimarer_Klassik.jpg (gemeinfrei)
S. 46 (Urwaldhütte am Orinoco): bpk
S. 69 (der alte Humboldt): http://upload.wikimedia.org/wikipedia/commons/6/68/Humboldt.jpg (gemeinfrei)
S. 72 (Sextant): © Ramona Heim
S. 75 (Kant): http://upload.wikimedia.org/wikipedia/commons/c/cc/Immanuel_Kant_%28portrait%29.jpg (gemeinfrei)
S. 82 (Teotihuacán): http://upload.wikimedia.org/wikipedia/commons/0/06/View_from_Pyramide_de_la_luna.jpg (gemeinfrei)
S. 87 (Aufzeichnungen): bpk/Ruth Schacht
S. 91 (Aufführung): picture-alliance/dpa

ISBN 978-3-86668-305-1

www.stark-verlag.de
1. Auflage 2011

Inhalt

Autorin: Nicole Spitzley

Vorwort

„Von Ihnen habe ich noch nie gehört." Daniel Kehlmann hatte bereits sein drittes Buch veröffentlicht, als ihm dies auf einer Lesereise von einem Mann vorgeworfen wurde, der von sich sagte, er beschäftige sich mit deutscher Gegenwartsliteratur. Diese Zeiten sind seit 2005 vorbei. In diesem Jahr erschien sein sechstes Buch, *Die Vermessung der Welt,* und machte Daniel Kehlmann beinahe über Nacht zu einem der prominentesten und erfolgreichsten deutschsprachigen Autoren der Gegenwart. Bis Juli 2010 wurde allein die deutsche Ausgabe des Romans knapp zwei Millionen Mal verkauft, weltweit kommen noch 250 000 Exemplare des in 40 Sprachen übersetzten Werks dazu.

Diese Interpretationshilfe hilft Ihnen bei der Auseinandersetzung mit Daniel Kehlmann und seinem bisher bekanntesten Werk. Sie unterstützt Sie bei der Vorbereitung auf Unterricht und Prüfungen zu diesem Thema.

Nach einer kurzen **Einführung** erhalten Sie zunächst Informationen über den **Autor** und sein Gesamtwerk, bevor der Fokus auf die **Entstehung** der *Vermessung der Welt* gerichtet wird.

Anschließend finden Sie eine **Inhaltsangabe**, die die Handlung des Romans kapitelweise zusammenfasst; eine grafische Übersicht ermöglicht Ihnen eine rasche Orientierung im Text. Daran anknüpfend beginnt das Kapitel „**Textanalyse und Interpretation**" mit der genaueren Betrachtung des **Aufbaus und der Handlungsstruktur**. Es folgt die **Charakterisierung der Hauptfiguren**, die jeweils für sich genommen, in ihrer Beziehung zu anderen und im Vergleich betrachtet werden. Bei der Analyse der **literarischen Form** und der im Roman verwendeten **Sprache** wird deutlich, dass Daniel Kehlmann in beiden Bereichen Neues gewagt hat. Abschließend werden **zentrale Motive und Themen** in den Blick genommen, die trotz der Homogenität des Romans erstaunlich weit gefächert sind: Sie erstrecken sich von historischen Themen wie „Aufklärung" und „Weimarer Klassik" bis zu zeitlosen Motiven wie „Vergänglichkeit" oder „Genialität". Auf mögliche Prüfungen bereiten insbesondere die **Interpretationen dreier Schlüsselstellen** vor, von denen sich die erste näher mit Gauß, die zweite mit Humboldt und die dritte mit beiden beschäftigt.

Für ein erst wenige Jahre altes Werk ist die **Rezeptionsgeschichte** der *Vermessung der Welt* beachtlich: Davon zeugen nicht nur die hohen Verkaufszahlen und die zahlreichen literaturkritischen Besprechungen, sondern auch Theateraufführungen und geplante Verfilmungen.

Vervollständigt wird die Interpretationshilfe durch **Literaturhinweise**, die Ihnen eine wertvolle Hilfe bei einer weitergehenden, selbstständigen Beschäftigung mit dem Werk sein können.

Nicole Spitzley

Nicole Spitzley

Einführung

Normalerweise werden im Deutschunterricht Autoren und Werke behandelt, deren Bedeutung sich über Jahrzehnte, wenn nicht gar über Jahrhunderte gezeigt und erhalten hat. Mit Daniel Kehlmann und der *Vermessung der Welt* ist es anders. Der Autor ist jünger als viele Deutschlehrer, der hier behandelte Roman erst wenige Jahre alt. Dennoch bzw. gerade deswegen hat er sich als Schullektüre durchgesetzt und ist sogar Thema zahlreicher Abschlussprüfungen. Was macht dieses Buch so besonders?

Kehlmann hat aus einem „alten“ Stoff etwas Neues gemacht: Die Hauptfiguren seines Romans tragen die Namen von zwei bekannten historischen Persönlichkeiten, die Großes geleistet haben: **Carl Friedrich Gauß** und **Alexander von Humboldt**. Zudem spielt er in einer Zeit, die „**Deutsche**“ oder „**Weimarer Klassik**“ genannt wird. Allerdings behandelt Daniel Kehlmann seine Themen auf eine Art und Weise, die den meisten Lesern ungewöhnlich erscheinen wird. Er lässt uns zwar hautnah und detailliert miterleben, was Gauß und Humboldt widerfährt (z. B. die Sandflöhe unter Humboldts Zehennägeln), wahrt aber zugleich – z. B. durch die Verwendung indirekter Rede – stets eine Distanz zu Figuren und Geschehen, die den Leser zum Mitdenken verpflichtet: Er muss seine eigene Position bestimmen – was ist so gewesen, was kann so gewesen sein, was glaube ich auf keinen Fall? Es ist keine Geschichte zum Eintauchen und sich Treibenlassen, es ist eine zum Mitmachen.

Es ist auch keine „alte“ Geschichte, denn die behandelten Themen wie „Altern, Vergänglichkeit und Tod“ oder „Genialität und Wissenschaft“ und die damit verbundenen Probleme sind ganz **aktuell**, jeder Einzelne, die Gesellschaft und schließlich die Politik müssen hier ganz klar Stellung beziehen.

Kehlmann gelingt es, Brücken zu schlagen zwischen **Vergangenheit und Gegenwart**. Er ist belesen und gebildet und doch auch ein „Kind unserer Zeit" mit einem Faible für Computerspiele und Zeichentrickserien im Fernsehen. Er kennt geschichtliche Fakten, weiß aber aus Erfahrungen in der heutigen Gegenwart, dass nicht alles so ist, wie es scheint. Gerade die neuen Medien schaffen Welten und Handlungsmöglichkeiten, wo **Fakten und Fiktion**, Realität und Erfindung **kaum mehr zu unterscheiden** sind. Dieses Thema beschäftigt Daniel Kehlmann in allen seinen Werken.

Der Erfolgsgeschichte von Autor und Buch haftet etwas Märchenhaftes an, was die Menschen zu allen Zeiten fasziniert: vom Frosch zum Prinzen, vom Tellerwäscher zum Millionär. Kehlmann sagt, der Erfolg der *Vermessung der Welt* sei „ein Hauptgewinn, ein Jackpot in der Lotterie, ein Blitzschlag, nach dem alles anders ist als zuvor".[1] Doch mit diesen Bildern stellt Kehlmann sein Licht zu sehr unter den Scheffel: Dieser Schriftsteller hat etwas Außergewöhnliches geleistet, er hat nicht einfach ein Los gekauft und dann Glück gehabt. An anderer Stelle erinnert er selbst daran: „Das Geschäft des Romanschreibens, mit höchstem Anspruch betrieben, gehört zu den härtesten aller Arbeiten."[2]

Der Autor und die Entstehung des Romans

1 Der Autor Daniel Kehlmann

Die Biografie eines Autors zu schreiben, der nicht nur in seinen Werken, sondern auch in Bezug auf sein eigenes Leben die Grenzen zwischen Erfindung und Realität gerne verschwimmen lässt, ist keine leichte Aufgabe. Viele Recherchen beginnen heutzutage bei Wikipedia. Doch ebendort liest man, dass Kehlmann in einer Kolumne behauptete, der Wikipedia-Artikel über ihn sei „in Details fehlerhaft". Und auch wenn er persönlich auftritt, „bricht" er bisweilen die „Realität", wie z. B. in seinen Poetikvorlesungen, in denen er Interviewer und Interviewter gleichzeitig ist und sich bisweilen auch selbst widerspricht. So schafft er es, dass, wie bei seinen Romanen, ein kleines Fragezeichen der ständige Begleiter des Lesers ist.

Daniel Kehlmann wurde am 13. Januar **1975** in **München** geboren. Sein Vater, Michael Kehlmann, war ein bekannter österreichischer Regisseur, der sowohl für das Fernsehen als auch für das Theater arbeitete. Er verstarb im Jahr 2005, dem Erscheinungsjahr der *Vermessung der Welt*. Seine Mutter, die aus dem Rheinland stammende Dagmar Mettler, die zunächst hauptsächlich als Schauspielerin tätig war, spielte auch in Filmen mit, deren Regisseur Michael Kehlmann war. Heute tritt sie v. a. als

Malerin in Erscheinung. Ihr Sohn hat sowohl die deutsche als auch die österreichische Staatsbürgerschaft.

1981 zog die Familie von München nach **Wien**. Daniel Kehlmann besuchte dort das am südlichen Stadtrand gelegene Kollegium Kalksburg, das eine Volksschule und ein Gymnasium beherbergt und das bis 1993 unter der Trägerschaft des Jesuitenordens geführt wurde. 1993 begann Kehlmann sein **Studium der Philosophie und Germanistik** (Literaturwissenschaft) an der Universität Wien. In seiner Abschlussarbeit befasste er sich mit Schiller, eine sich anschließende Promotion über Kant schloss er nicht ab.

Bereits seit 1997 veröffentlicht er **Romane**. Die Hauptfigur seines Debütromans *Beerholms Vorstellung* ist ein Illusionist, ein Magier, dem innerhalb der Romanfiktion selbst die Grenzen zwischen Realität und Illusion/Fantasie verschwimmen. Ein Jahr später, 1998, erschienen unter dem Titel *Unter der Sonne* acht Erzählungen, die alle von Menschen handeln, die auf ein Ereignis hoffen, das sie ihrem alltäglichen Leben entreißt. 1999 folgte der Roman *Mahlers Zeit*. Der Protagonist ist diesmal ein Physiker, der mit Hilfe von vier Formeln in der Lage zu sein glaubt, den Zweiten Hauptsatz der Thermodynamik und damit letztendlich die Zeit aufheben zu können. Im Jahr 2001 veröffentlichte Kehlmann den Roman *Der fernste Ort*. Auch hier verschwimmen, im wahrsten Sinne des Wortes, Wirklichkeit und Fiktion. Die Hauptfigur Julian will einen Badeunfall dazu nutzen, seinem bisherigen Leben zu entfliehen und sich eine neue Wirklichkeit aufzubauen. Allerdings handelt es sich dabei nur um die Gedanken und Erinnerungen eines wirklich Ertrinkenden.

In dieser Zeit begann Kehlmann, neben dem Schreiben von Romanen und Erzählungen, **Poetik-Vorlesungen** an verschiedenen Universitäten zu halten, darunter Mainz, Wiesbaden und Göttingen. Seit 2004 ist er auch Mitglied der Mainzer Akademie der Wissenschaften und der Literatur.

Mit *Ich und Kaminski* präsentierte er 2003 sein nächstes Werk. Es ist der vielleicht „realistischste" Roman Kehlmanns, da Magie und Halluzinationen diesmal keine Rolle spielen. Lügen und Täuschung findet man hier im „wirklichen" Leben: im menschlichen Miteinander und im Umgang mit sich selbst. Eine der Hauptfiguren, Sebastian Zöllner, ist Kunstkritiker und will durch die Veröffentlichung der Biografie des noch lebenden Malers Kaminski zu Ruhm und vor allem zu Geld gelangen.

2005 publizierte Kehlmann mit der *Vermessung der Welt*, einer „fiktiven" Doppelbiografie des Mathematikers Carl Friedrich Gauß und des Naturforschers Alexander von Humboldt, sein bisher erfolgreichstes Werk. Im gleichen Jahr erhielt er den **Candide-Preis**, einen deutsch-französischen Literaturpreis, der das Ziel hat, die jeweiligen Autoren im Nachbarland bekannter zu machen.

Nach seinem Sensationserfolg ruhte sein Romanschaffen eine Weile. In der Folgezeit gab er zahlreiche **Interviews** und veröffentlichte **Essays** (z. B. *Wo ist Carlos Montúfar? Über Bücher*, 2005), die oft mit seinem letzten Roman in Zusammenhang stehen. 2006 wurde ihm der **Preis der Konrad-Adenauer-Stiftung** verliehen, der Autoren auszeichnet, „die der Freiheit ihr Wort geben".[3] Im gleichen Jahr erhielt er u. a. den **Kleist-Preis**, dessen Preisträger von einer Einzelperson bestimmt wird, um das „Außergewöhnliche", nicht das Durchschnittliche zu fördern.

Kehlmann gab in dieser Zeit – neben weiteren zahlreichen Interviews – die Texte seiner Poetikvorlesungen heraus (*Diese sehr ernsten Scherze* [Goethe-Zitat], 2007). Außerdem wurde der Autor mit dem **WELT-Literaturpreis 2007** für *Die Vermessung der Welt* geehrt. Die Begründung lautete, „Kehlmann schreibe genial über Größe und Komik deutscher Kultur".[4] In seiner Dankesrede äußerte sich Kehlmann zu den Veränderungen, die die plötzliche Bekanntheit brachte, und zur Zweischneidigkeit dauernder **Medienpräsenz**:

> *Ein bekannter politischer Journalist sagte meinem Verleger, er möge mir doch ausrichten, dass ich nicht ständig Interviews geben solle; es sei zu viel, man werde meiner überdrüssig. Auf meines Verlegers Einwand hin, ich hätte seit sieben Monaten, denn so viele waren es damals, kein Interview mehr gegeben und plante auch nicht, das zu ändern, sagte der Journalist, das könne er gar nicht glauben, er sehe mich doch ständig in der Zeitung über irgendwas plaudern.*[5]

2008 folgte der **Thomas-Mann-Preis**. Der Preis wird alle drei Jahre an Persönlichkeiten verliehen, „die sich durch ihr literarisches Wirken ausgezeichnet haben im Geiste der ‚Humanität', die das Werk von Thomas Mann prägte".[6] Im gleichen Jahr veröffentlichte er zusammen mit dem Publizisten Sebastian Kleinschmidt philosophische Dialoge unter dem Titel *Requiem für einen Hund. Ein Gespräch.*

Erst 2009 erschien sein nächster Roman mit dem Titel *Ruhm. Ein Roman in neun Geschichten.* Bereits der Untertitel zeigt, dass Kehlmann den Gattungsbegriff „Roman" sehr weit fasst, enthält das Buch doch neun Erzählungen, die mal mehr, mal weniger miteinander verbunden sind. Kehlmann wendet sich hier wieder der Gegenwart zu, sein Thema bleibt aber die untrennbare Verknüpfung von „**Realität und Fiktion**". Er thematisiert Identitätsverlust, aber auch die Möglichkeit, mit Hilfe alter und neuer Medien (Buch, Mobiltelefon, Internet) verschiedene Rollen zu spielen. Mit der fortschreitenden Auflösung oder gar dem Verlust der „Identität(en)" verliert auch der damit verbundene „Ruhm" jegliche Bedeutung – der Titel wird ironisch.

Im Juli 2009 berichteten die Zeitungen erneut über Daniel Kehlmann, als er in seiner **Festrede** anlässlich der **Salzburger Festspiele** an seinen Vater erinnerte und das Regietheater von heute kritisierte. Der Regisseur solle wieder mehr „Diener" des Autors sein. Die Aktualisierungs-Mode habe dazu geführt, dass „alles immer so ähnlich aussehe" (*Lob*, S. 183). Doch Kehlmann belässt es nicht bei seiner Kritik: Im Auftrag der Salzburger Festspiele verfasste er ein **dramatisches Stück** mit dem Titel *Geister in Princeton,* dessen Uraufführung die Festspielsaison 2010 eröffnen sollte, das dann allerdings erst im August 2011 im Rahmen der Festspiele als szenische Lesung der Öffentlichkeit bekannt wurde. Ähnlich positiv wie die szenische Lesung wurde die Uraufführung am Schauspielhaus in Graz (24. September 2011, Regie: Anna Badora) besprochen. Zu Beginn des Jahres 2012 hatte das Stück im Renaissance-Theater in Berlin Premiere. Auch bei seinem Debüt als Dramatiker bleibt Kehlmann seinen Themen treu: Ein mathematisches Genie, Kurt Gödel, ist die tragische Hauptfigur, Albert Einstein tritt auf, die Zeit spielt erneut eine zentrale Rolle und es gibt – wie im Titel genannt – auch Geister: „**Realität und Fiktion**" werden also auch innerhalb der Bühnenhandlung miteinander konfrontiert und verwoben.

Neben dem Theater und Schauspiel betrachtet Kehlmann auch sein (ur-)eigenes Schaffensgebiet kritisch – so veröffentlichte er zahlreiche Literaturkritiken, unter anderem in der *Süddeutschen Zeitung* und der *Frankfurter Rundschau.* Darüber hinaus meldet er sich in Kolumnen zu Wort.

In der massenmedialen Öffentlichkeit dominiert ein Bild des Autors als „deutsch-österreichische[s] Bildungswunder", das nicht nur sehr belesen, sondern – besonders für sein Alter – auch „**ungewöhnlich klug und abgeklärt**" sei (NICKEL, S. 45, SPIEGEL-Interview). Ebenfalls erstaunt wird häufig zur Kenntnis genommen, dass er ein Schriftsteller mit Interesse für die Naturwissenschaften ist, sich für **Physik und auch Metaphysik** begeistern kann.

Nicht ganz leicht in dieses Bild einzuordnen ist die andere Seite Daniel Kehlmanns, die ihn – jenseits bildungsbürgerlicher und intellektueller Klischees – als leidenschaftlichen Nutzer von **neuen Medien** zeigt: So schaut er nicht nur „immer noch sehr viel Fernsehen – vor allem die Zeichentrickserie *Die Simpsons,* ein Meisterwerk zeitgenössischer Satire“ (NICKEL, S. 45, SPIEGEL-Interview), sondern ist auch ein bekennender Fan der Computerspiele *Tetris* und *Tomb Raider*.[7] Gegenüber seinem Verlags-Programmleiter äußerte er einmal: „Ich bin garantiert dein [] einziger Autor, der Lara Croft bis zum letzten Level durchgespielt hat. Naja – außer Martin Walser vielleicht.“ (*Text und Kritik*, S. 71)

Kehlmann, der die Auffassung vertritt, dass ein Autor beim Schreiben „alle Facetten der eigenen Persönlichkeit einbringen sollte“ (NICKEL, S. 33, FAZ-Interview), kann offensichtlich auf ein breites Spektrum zurückgreifen. Diese Vielseitigkeit merkt man seinen Werken an, die philosophischen Anspruch und Unterhaltsamkeit zu verbinden verstehen.

2 Zur Entstehung des Romans

Zur Entstehung von *Die Vermessung der Welt* wurde Kehlmann häufig befragt. Die Idee zum Schreiben des Buches kam ihm – so erklärte er 2005 auf der Frankfurter Buchmesse –, als er herausfand, dass Gauß und Humboldt sich 1828 nicht nur persönlich begegnet sind, sondern Gauß sogar bei Humboldt gewohnt hat. Das Aufeinandertreffen dieser beiden – zu diesem Zeitpunkt schon älteren – Persönlichkeiten scheint er sich sofort sehr komisch vorgestellt zu haben (vgl. NICKEL, S. 27, FAZ-Interview). Daraus entstanden die **Ausgangssituation** seines Romans und dessen **Grundstruktur**. Als „Keim für den Roman“ versteht der Autor die Unterschiedlichkeit der beiden Wissenschaftler: „der eine, der überall war, der andere, der nirgends war; der eine, der immer Deutschland mit sich getragen hat, der andere, der wirkliche geistige Freiheit verkörpert“ (NICKEL, S. 27, FAZ-Interview).

Gauß sei ihm „seit Schultagen präsent“ gewesen, „hauptsächlich in Anekdoten“, welche sich im Buch teilweise wiederfänden (NICKEL, S. 26, FAZ-Interview). Mit Humboldt habe er sich während und nach einem Mexiko-Aufenthalt 2002 intensiver beschäftigt, fasziniert von „**Größe und Komik** dieser Figur“[8].

Bereits zu Beginn seiner Arbeit am Roman war Kehlmann sich sicher, dass er dazuerfinden und vieles weglassen müsse, um „Entwicklungen Struktur und Folgerichtigkeit“ zu geben (CM, S. 14). Dennoch hat er **intensiv recherchiert**, las Humboldts Reiseberichte, ein „bestürzend langweiliges Buch über eine atemberaubend spannende Reise“ (DseS, S. 29), ergänzte das Gelesene durch die Lektüre wissenschaftlicher Bücher über die Ergebnisse der Reise und über das, was Humboldt und Bonpland widerfahren ist. Gauß näherte er sich hingegen vor allem über dessen Briefe, aus denen er viel über den *Menschen* Gauß erfuhr. Schwerer zugänglich war „seine Mathematik“ (DseS, S. 30), aber auch damit setzte Kehlmann sich genau auseinander.

Große Teile seines Buches verfasste Kehlmann am Meer, teils am Mittelmeer (Südspanien)[9], teils an der Nordsee (Sylt), mit offenem Fenster. Kehlmann bezeichnete diese Phasen der Arbeit als „befreiendes Erlebnis“ (NICKEL, S. 42, SPIEGEL-Interview). Als er jedoch 2004 am letzten Kapitel des Romans arbeitete, kam es zu einer Störung seines Schreibprozesses durch die Neuherausgabe von Humboldts Werk *Kosmos* durch Hans Magnus Enzensberger und die SPIEGEL-Titelgeschichte von Matthias Mattusek (13. 9. 2004) zum gleichen Thema. Da sie einen völlig anderen Humboldt, „einen Vorzeige-Deutschen“, zeigte, brauchte Daniel Kehlmann zwei bis drei Wochen, bis er sich wieder „in [s]eine Figur eingefunden“ hatte (NICKEL, S. 38, SPIEGEL-Interview). Er sagt sogar, dass er das Buch „wahrscheinlich aufgegeben“ hätte, wäre er noch am Anfang gewesen. In dem Interview auf der Frankfurter Buchmesse 2005 räumt er aber ein, dass diese Ereignisse für den Verkauf seines Werkes sicher eher förderlich waren. Und dieser Erfolg war eine Sensation, nicht nur im deutschen Sprachraum, sondern auch international (vgl. *Interpretationshilfe*, „Rezeption und Wirkung“).

3 Kurzbiografien der historischen Vorbilder Gauß und Humboldt

	 **Carl Friedrich Gauß**		 **Alexander von Humboldt**
30. 4. 1777	geboren in Braunschweig als einziges Kind einer Arbeiterfamilie	14. 9. 1769	geboren in Berlin als zweiter Sohn einer adligen Familie
1784–1788	Volksschulzeit: Lehrer Büttner stellt besondere mathematische Begabung fest und ermöglicht Besuch des Gymnasiums	1775–1787 1787–1790 1790	Unterricht durch Privatlehrer Studium in Frankfurt an der Oder und in Göttingen Englandreise mit Georg Forster
1791	Stipendium des Herzogs von Braunschweig Besuch des Collegium Carolinum in Braunschweig	1791 1792	Studium an der Freiberger Bergakademie Ernennung zum Assessor, Anstellung im preußischen Bergmannsdienst
1795–1798	Studium der Mathematik in Göttingen	1796	Tod der Mutter
1796	Beweis der Konstruierbarkeit eines regelmäßigen Siebzehnecks	1796–1799	Reisevorbereitungen
1799	Abschluss des Studiums in Helmstedt (Promotion)	1799–1804	Forschungsreise auf dem amerikanischen Kontinent
1799–1801	Rückkehr nach Braunschweig, Arbeit an den „Disquisitiones Arithmeticae“ (1801)	1799–1800	Caracas, Orinoko, Kuba
1801	Bahnberechnung des Asteroiden Ceres	1801–1802	u. a. Neugranada, Besteigung des Chimborazo
1805	Heirat mit Johanna Osthoff, drei Kinder	1803–1804	Mexiko, Kuba, Vereinigte Staaten (Begegnung mit US-Präsident Jefferson)
1807–1855	Professor in Göttingen und Direktor der dortigen Sternwarte	1804–1827	Aufenthalt in Paris: Aufarbeitung der Ergebnisse der Reise (Vorträge, Bücher)

1807–1855 1809 1810	Professor in Göttingen und Direktor der dortigen Sternwarte Tod seiner Frau Johanna Heirat mit Minna Waldeck, drei Kinder	1804–1827	Aufenthalt in Paris: Aufarbeitung der Ergebnisse der Reise (Vorträge, Bücher)
1820–1825	Landvermessungsleiter des Königreichs Hannover		
1826	Humboldt auf Durchreise in Göttingen, erstes Kennenlernen Gauß–Humboldt		
		1827	Rückkehr nach Berlin als königlicher Kammerherr
1828	Teilnahme an der Versammlung der deutschen Naturforscher und Ärzte in Berlin, Gauß zu Gast bei Humboldt		
	Bekanntschaft mit deutschem Physiker Weber		
1830	Sohn Eugen wandert nach Amerika aus	1829	Russlandexpedition
1831	Tod seiner Frau Minna		
1831 1833	Zusammenarbeit mit Weber auf dem Gebiet des Erdmagnetismus Entdeckung der elektromagnetischen Telegrafie: Telegrafenlinie zwischen Kabinett und Sternwarte	1830–1855	Vorträge und weitere Arbeit an Veröffentlichungen, v. a. an „Kosmos. Entwurf einer physischen Weltbeschreibung“ (erschienen 1845–62); zahlreiche diplomatische Missionen im Auftrag des Königs, v. a. in Paris
1837	Humboldt besucht Gauß in Göttingen anlässlich der Hundertjahrfeier der Georg-August-Universität		
1839	Gauß’ Mutter verstirbt	ab 1842 1848	Kanzler des Ordens „Pour le Mérite für Wissenschaften und Künste“ Zeuge der Berliner Märzrevolution
1851	Begründung der Versicherungsmathematik mit Gutachten für die Witwen-Versorgungskasse	1856	Ehrenbürger von Berlin
23. 2. 1855	gestorben in Göttingen	6. 5. 1859	gestorben in Berlin

Inhaltsangabe

Kehlmanns Roman ist in 16 Kapitel unterteilt. Das Eingangskapitel schildert das Treffen von Humboldt und Gauß anlässlich des Naturforscherkongresses in Berlin 1828. In diesem Einstieg spiegelt sich insofern die Entstehung des Romans, als zunächst das Ereignis geschildert wird, das Kehlmann auf die Idee zu der fiktiven Doppelbiografie gebracht hat. Dem Eingangskapitel folgen neun Kapitel, die sich abwechselnd den Lebensgeschichten Humboldts (5 Kapitel) und Gauß' (4 Kapitel) bis zu diesem Treffen widmen. In den anschließenden sechs Kapiteln ist die strikte Trennung der Lebensgeschichten aufgehoben, das letzte Kapitel schließlich hat keinen der beiden Wissenschaftler mehr zur Hauptfigur, sondern Gauß' Sohn Eugen.

Die Reise (S. 7–18)

Im September 1828 bricht der Mathematiker Professor Gauß mit Eugen in Göttingen auf, um am Deutschen Naturforscherkongress in Berlin teilzunehmen. Gauß reist nicht gern und ist unleidlich. Auf der unkomfortablen Kutschfahrt wirft er Eugens Buch *Die deutsche Turnkunst* aus dem Fenster. Später an der Grenze hat er keinen Pass. So passieren sie diese heimlich, als die Gendarmen mit der Verfolgung eines anderen beschäftigt sind, der für die freiheitlichen Ideen der Zeit eintritt und ebenfalls keinen Pass besitzt. Auch Berlin gefällt Gauß nicht und als er sich beim Empfang durch Humboldt nicht bewegen soll, damit der Moment fotografisch festgehalten werden kann, will er nach Hause. Ein Polizist sieht in der Gruppe eine verbotene Zusammenrottung und fordert deren Auflösung; die Aufnahme misslingt, da Gauß nicht bereit ist, die notwendige Zeit still zu stehen.

Das Meer (S. 19–51)

Die Kindheit Alexanders von Humboldt ist geprägt durch seine adlige Abstammung, er wächst auf einem Schloss in der Nähe Berlins auf. Nach dem frühen Tod des Vaters legt seine Mutter großen Wert auf eine gute Ausbildung ihrer beiden Söhne, von denen Alexander der jüngere ist und zunächst für weniger begabt gehalten wird. Schon früh zeigt sich aber Alexanders Interesse für die Naturwissenschaft. Sein Bruder Wilhelm bringt ihn mehrmals in Lebensgefahr. Einmal bringt er Alexander dazu, das Eis eines Teiches zu betreten. Dieser bricht ein, schafft es aber im letzten Moment, sich selbst herauszuziehen, und überlebt nur knapp das darauffolgende Fieber. Aufgrund dieses Ereignisses beschließt er, von nun an ernsthafter zu lernen. Später studiert er, macht seinen Abschluss im Bergbau und erhält als Assessor sofort eine Anstellung als preußischer Bergwerksinspektor. Nach wie vor ist er an der Natur interessiert und schreckt vor schmerzhaften Selbstversuchen nicht zurück. Unmittelbar nach dem Tod der Mutter beginnt er mit den Vorbereitungen für seine Amerika-Reise. In Salzburg lernt er den Umgang mit den modernsten Messinstrumenten, in Paris trifft er Aimé Bonpland, der sein Reisebegleiter wird. In Madrid angekommen, erhalten sie unter skurrilen Umständen Pässe mit zahlreichen Sonderrechten und stechen von La Coruña aus in See. Während der Überfahrt verärgert Humboldt den Kapitän, indem er dessen Navigationsergebnisse anzweifelt. Bei einem Zwischenstopp auf Teneriffa entdeckt er einen alten Drachenbaum, der ihn stark beeindruckt. Die an Bord grassierende Fieberkrankheit überstehen Humboldt und Bonpland und so gehen sie am südamerikanischen Festland von Bord.

Der Lehrer (S. 53–68)

Die Kindheit von Gauß ist bestimmt durch die übergroße Liebe zu seiner Mutter, eine Liebe, die zeitlebens bestehen bleibt. Umso schwerer verkraftet Gauß es, sie altern zu sehen. Für seinen Vater hat er wenig Achtung, wie die meisten anderen Menschen denkt er ihm zu langsam. Das Lesen bringt er sich an einem Nachmittag selbst bei, und in der Volksschule fällt sein mathematisches Talent auf. Mit Hilfe eines Stipendiums des Herzogs von Braunschweig kann Gauß sich auf ein Studium vorbereiten. Er schafft es, Pilâtre de Rozier zu überzeugen, ihn auf einen Flug mit einem Heißluftballon mitzunehmen. Dabei gelangt er zu neuen geometrischen Erkenntnissen.

Die Höhle (S. 69–80)

Nach einem halben Jahr in der spanischen Provinz Neuandalusien (Südamerika) und zahlreichen Untersuchungen und Experimenten brechen Humboldt und Bonpland zur Chaymas-Mission im Dschungel auf. Hier erforschen sie eine Höhle, in der nach indianischem Glauben die Toten leben. Humboldt sieht dort die Gestalt seiner Mutter, versucht dies aber zu ignorieren, indem er die Augen schließt.

Die Begegnung mit einer vom Gouverneur geschickten Frau zeigt, dass Humboldt kein sexuelles Interesse am weiblichen Geschlecht hat. Das Erlebnis beschleunigt den Aufbruch zur Suche nach einem Kanal, der den Orinoko und den Amazonas verbinden soll. Das seltene Ereignis einer Sonnenfinsternis nutzt Humboldt ausschließlich zu einer exakten Ortsbestimmung, ohne das Naturschauspiel auf sich wirken zu lassen.

Die Zahlen (S. 81–99)

Gauß entdeckt noch als Student in Göttingen eine Methode, ein regelmäßiges Siebzehneck zu konstruieren, wird aber von Zahnschmerzen und dem Unvermögen eines Barbiers gepeinigt. Seine Mutter fehlt ihm. Nach seiner Promotion arbeitet er besessen an einem Grundlagenwerk zur Arithmetik. In dieser Zeit liest er zum ersten Mal von Alexander von Humboldt und dessen Reise.

Zur Finanzierung seines Lebensunterhalts arbeitet er als Landvermesser. Dabei kommt es zur ersten Begegnung mit Johanna, seiner späteren Frau. Nach Fertigstellung seiner „Disquisitiones Arithmeticae“ hält er um ihre Hand an, wird aber abgewiesen. Gauß fährt daraufhin nach Königsberg, um Kant sein Buch zu überreichen und mit ihm darüber zu sprechen. Aber dieser ist wegen seiner fortgeschrittenen Senilität dazu nicht mehr in der Lage. Wieder zuhause, will Gauß den Entschluss, sein Leben zu beenden, in die Tat umsetzen. Davor bewahrt ihn jedoch ein Brief Johannas, in dem sie seinen zweiten Antrag doch annimmt.

Der Fluss (S. 101–142)

Von Caracas aus machen Humboldt und Bonpland weitere Expeditionen, die immer wieder auch von (Selbst)-Versuchen geprägt sind. Die größte Unternehmung ist die Suche nach dem Kanal, der den Orinoko und den Amazonas verbinden soll. Dazu mieten sie in San Fernando ein Boot und heuern vier Einheimische an. Auf ihre Reise nehmen sie auch einen zugelaufenen Hund mit, den Humboldt liebgewonnen hat. Weder von einem Jaguar, mit dem sich Humboldt konfrontiert sieht, der ihn aber nicht angreift, noch von den lästigen Moskitoschwärmen lassen sich die Reisenden von ihrem Plan abbringen. Schließlich erreichen sie eine Missionsstation, die von Pater Zea geleitet wird. Mit diesem diskutiert Humboldt über den Sinn von Vermessungen. Trotz der unterschiedlichen Auffassungen erhält er von ihm ein Boot und Führer für die weitere Suche. Dabei macht sich Humboldt bei den Einheimischen unbeliebt, als er drei Leichen aus ihrer Grabhöhle entwendet und mitnimmt. Schlimmer für ihn ist aber, als während einer Übernachtung ein kleiner, nackter Junge in seine Hütte kriecht. Das bringt ihn mehr aus der Fassung als die Frau, die ihm der Gouverneur von Neuandalusien geschickt hat. Mit Gewalt zerrt er ihn aus seiner Hütte. Kurz darauf verschwindet Humboldts Hund über Nacht, was ihn sehr traurig macht. Während eines weiteren Zwischenhalts erforscht Humboldt im Selbstversuch die Wirkung des Gifts Curare. Noch unter dessen Einfluss kommt es zu einer unwirklichen Begegnung mit einem Deutschen namens Brombacher. Schließlich schaffen sie es tatsächlich, den Kanal zu finden, und vermessen ihn. Auf der Rückreise kommen sie in ein schweres Unwetter, das sie von ihren einheimischen Führern samt Boot trennt, sodass Humboldt und Bonpland alleine auf einer Flussinsel bleiben und auf Hilfe warten müssen.

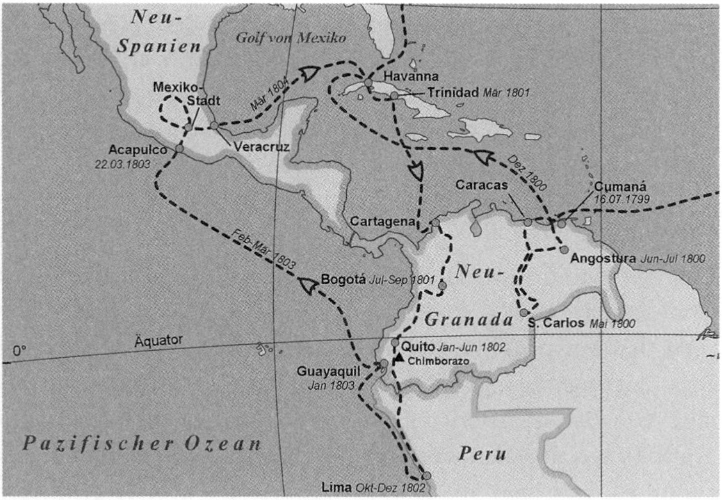

Die historische Reiseroute von A. v. Humboldt in Süd- und Mittelamerika (1799–1804)

Die Sterne (S. 143–162)

Gauß gelingt es, das Wiederauftauchen des Planetoiden Ceres genau vorauszuberechnen, und wird dafür während einer Audienz beim Herzog von Braunschweig zum Direktor der noch zu errichtenden Sternwarte ernannt. Er benötigt für seine bevorstehende Hochzeit mit Johanna finanzielle Sicherheit. Sogar in der Hochzeitsnacht entsteigt er dem Ehebett, um eine Formel zur Bahnberechnung zu notieren, die ihm gerade eingefallen ist. Wegen des Krieges und des Todes des Herzogs zieht Gauß mit seiner Frau nach Göttingen, um dort ein Observatorium aufzubauen. Vor lauter Arbeit an der Universität verpasst er die Geburt seines ersten Sohnes Joseph, bald darauf wird seine Tochter Wilhelmine geboren.

Auf einer Dienstreise nach Bremen zeigt ihm sein Gehilfe Bessel das Meer und Weimar. Bei einem Theaterbesuch schimpft Gauß über Goethe und lernt Wilhelm von Humboldt kennen, den er ebenfalls beleidigt, da er ihn mit seinem Bruder Alexander verwechselt, von dessen Reisen er häufiger in Zeitungen gelesen hat. Bei seiner Rückkehr nach Göttingen erfährt er, dass seine Frau Johanna nach der Geburt eines Sohnes im Sterben liegt und das Kind ebenfalls nicht überleben wird. Gauß ist tief getroffen und versucht, sich mit Arbeit abzulenken.

Der Berg (S. 163–180)

Humboldt und Bonpland bereiten sich auf die Besteigung des Chimborazo vor, u. a. indem sie Abschiedsbriefe verfassen. Während des Aufstiegs werden die beiden sowohl von physischen Beeinträchtigungen wie Bluten aus den Körperöffnungen als auch von Halluzinationen geplagt. Bonpland glaubt eine pulsierende Wabe zu sehen, Humboldt den verschollenen Hund. Als sie durch eine tiefe Spalte am Besteigen des Gipfels gehindert werden, bestimmt Humboldt unter Aufbietung höchster Selbstdisziplin die Höhe. Noch beim Abstieg kämpfen Bonpland und Humboldt gegen die Auswirkungen des Sauerstoffmangels, der zu einem skurrilen und allzu ehrlichen Dialog führt, ohne dass einer den anderen wirklich verstünde. Völlig erschöpft kommen sie im Lager an – doch bevor Humboldt seinem Schlafbedürfnis nachgibt, zerreißt er noch seinen Abschiedsbrief und schreibt zahlreiche neue Briefe, in denen er von seiner Besteigung berichtet.

Bild von Friedrich Georg Weitsch zur historischen Reise von Alexander von Humboldt: „Humboldt und Bonpland am Fuß des Chimborazo in Ecuador" (1806)

Der Garten (S. 181–194)

Gauß muss als Leiter der staatlichen Messkommission wieder durch das Land ziehen und gelangt eines Abends zu einem Herrenhaus, mit dessen Besitzer er über den Verkauf dreier Bäume und eines Schuppens verhandeln muss, um seine Vermessungen korrekt durchführen zu können. Der Aufenthalt wirkt skurril und unwirklich. Gauß muss in einer stinkenden Kammer übernachten, hat beim Aufwachen Schwierigkeiten, sich zurechtzufinden, und verirrt sich anschließend beinahe in den Gängen, bis er eine Tür zum Garten findet. Hier stößt er auf tropische Vegetation und schließlich auf den Grafen Hinrich von der Ohe zur Ohe, den Hausherrn. Das Gespräch zwischen den beiden entwickelt sich ebenfalls ungewöhnlich, da der Graf mehr über Gauß weiß, als er eigentlich wissen kann. Scheint er Gauß auch zunächst Schwierigkeiten machen zu wollen, schenkt er ihm schließlich doch den Schuppen und die Bäume. Gauß' Verwirrung hält noch eine Weile an, er hat Schwierigkeiten beim

Wiederauffinden der markierten Bäume und des Schuppens. Unterdessen denkt er über seine zweite Frau Minna, die er aus pragmatischen Gründen geheiratet hat, und über seine Kinder nach. Eugen, der seiner zweiten Ehe entstammt, findet seinen Vater schließlich im Wald. Gauß hält nicht viel von seinem Sohn und behandelt ihn entsprechend.

Die Hauptstadt (S. 195–214)

Humboldt ist berühmt geworden. Bei seiner Ankunft in der Kolonie Neuspanien schließen sich ihm immer mehr Reporter an. In der Hauptstadt erforscht er deren aztekische Vergangenheit und wird zum Abendessen beim Vizekönig eingeladen. Bei der Besteigung des Popocatepetl am folgenden Tag wird Humboldt von zahlreichen Schaulustigen begleitet, die aber während der stundenlangen Untersuchungen der Ruinen von Teotihuacán immer weniger werden, und schließlich schlafen sogar die Reporter nebst Bonpland ein. Durch die Erforschung des Vulkans Jorullo kann Humboldt die Theorie des Neptunismus endgültig widerlegen. Von Veracruz reisen Humboldt und Bonpland weiter nach Havanna, wo sie ein Schiff nach Philadelphia besteigen. Der Kapitän ist der gleiche wie seinerzeit bei der Überfahrt. Bei seiner Ankunft wird Humboldt eine Einladung des Präsidenten Thomas Jefferson nach Washington überreicht. Nachdem Humboldt mit einem Galadiner geehrt wurde, wird er am folgenden Tag vom Präsidenten über Neuspanien ausgefragt. Humboldt indessen bekommt Heimweh – nach Paris.

Der Sohn (S. 215–225)

Chronologisch schließt dieses Kapitel an das erste an. Es spielt bei Humboldt in Berlin, dieser sitzt mit Gauß und Eugen beim Essen zusammen. Das Gespräch findet fast ausschließlich unter den Wissenschaftlern statt und zeigt ihre Unterschiede und Gemeinsamkeiten. Humboldt ist ein Empiriker mit Vertrauen in die menschliche Vernunft, Gauß ein Theoretiker, der mit Hilfe von Mathematik und Naturgesetzen die Welt zu erklären versucht. Einig sind sich die beiden in der Ablehnung der schönen Künste. Nachdem Gauß seinen Sohn wiederholt beleidigt hat, verlässt dieser Humboldts Wohnung. Erst danach beantwortet Humboldt die ursprünglich von Eugen gestellte Frage nach dem Verbleib Bonplands. Er stehe in Paraguay unter Hausarrest, da er sich der unterlegenen politischen Bewegung angeschlossen habe.

Der Vater (S. 227–234)

Eugen ist von der Stadt Berlin überfordert und schließt sich erleichtert einer Gruppe von Studenten an, die wie er für eine neue Freiheit eintreten. Sie nehmen ihn mit zu einer geheimen Versammlung, bei der der Mann als Redner auftritt, der durch seine Flucht vor den Gendarmen Eugen und seinem Vater den Grenzübertritt ermöglicht hat. Es wird behauptet, es handele sich um den Turnvater Jahn, den Verfasser der *Deutschen Turnkunst*, des Buches, das Gauß auf der Fahrt nach Berlin aus dem Fenster geworfen hat. Doch die verbotene Versammlung wird entdeckt und Eugen verhaftet.

Der Äther (S. 235–250)

Seinen Vortrag auf der Naturforscher-Versammlung beginnt Humboldt mit einem astronomischen Thema. Er vermutet, dass zwischen den Himmelskörpern „lichtlöschender Äther“ sei, was Gauß für Unsinn hält. Die Erde erklärt Humboldt mit der von ihm belegten Theorie des Vulkanismus. All seine Erkenntnisse versucht er in Zusammenhang zu setzen, um eine Ordnung der Welt, des Kosmos aufzuzeigen. Er vertritt die Auffassung, dass die wissenschaftlichen Erkenntnisse zu einer Verbesserung der Lebenssituation aller führten. Doch Gauß erfährt von Daguerre, dass sich die jüngeren Wissenschaftler schon über Humboldt lustig machen. Nebenbei löst Gauß das von Daguerre und

Humboldt noch am Morgen diskutierte Problem der Fixierung von Silberjodid. Der anschließende Empfang, bei dem ihm viele Leute die Hand schütteln, überfordert Gauß. Auch Wilhelm von Humboldt ist darunter, verabschiedet sich aber nach dem Austausch einiger floskelhafter Komplimente mit seinem Bruder und einiger Worte an Gauß bald wieder. Auch diesem Mann – der sich selbst als Dichter bezeichnet – kann Gauß nichts abgewinnen, er möchte nach Hause. Ein Lichtblick ist das Kennenlernen des jungen Physikers Weber und seiner Frau. Sobald er mit diesem ein Treffen für den nächsten Tag vereinbart hat, flüchtet Gauß aus der Gesellschaft. Mit Mühe findet er den Heimweg. Als Humboldt später ebenfalls eintrifft, kritisiert er Gauß' Verhalten, was in eine Grundsatzdiskussion über die wahre Wissenschaft mündet. Diese wird durch eine Nachricht unterbrochen, die Eugen aus dem Gefängnis schmuggeln konnte. Erst auf Humboldts Initiative hin versuchen die Männer, Eugen zu helfen.

Die Geister (S. 251–262)

Humboldt und Gauß machen sich auf die Suche nach dem Gendameriekommandanten Vogt und erfahren, dass er bei einer spiritistischen Sitzung ist. Um mit ihm in Kontakt zu kommen, müssen sie selbst daran teilnehmen, was Gauß recht amüsant findet. Humboldt ist diese Sitzung, bei der eine spärlich bekleidete junge Frau als Medium fungiert, beinahe unerträglich. Vogt erhält nicht die erhoffte Information, er sucht das Geld der verstorbenen Großmutter, da er sich in finanziellen Schwierigkeiten befindet. Dafür meldet sich Humboldts Mutter; sie verurteilt das Verhalten ihres Sohnes nach ihrem Tod und beklagt sich, dass er sie damals in der Höhle nicht habe zur Kenntnis nehmen wollen. Obwohl ein wenig aus der Fassung, bittet Humboldt Vogt im Anschluss um ein Gespräch. Solange Humboldt das Gespräch führt, stehen die Chancen für eine Freilassung Eugens nicht schlecht, aber jener versteht nicht, dass Vogt für seine Hilfe Geld will. Gauß dagegen nennt die Bestechung umstandslos beim Namen, sodass die Verhandlungen scheitern und sich Eugens Lage eher noch verschlechtert. Doch beide nehmen sich diesen Misserfolg nicht lange zu Herzen und beginnen, Zukunftspläne zu schmieden: Gauß will u. a. den Magnetismus weiter erforschen und Humboldt beschließt, doch noch die Russlandexpedition anzutreten.

Die Steppe (S. 263–293)

Obwohl räumlich getrennt, bleiben auch in diesem Kapitel Humboldts und Gauß' Erlebnisse miteinander verschränkt. Humboldt hat seine Russlandreise vorbereitet. Vor seinem Aufbruch hält er noch eine Rede über Altern und Tod, sitzt gemeinsam mit seinem Bruder am Sterbebett seiner Schwägerin, überprüft nochmals seine Instrumente und fährt zum Abschiedsbesuch zu König Friedrich Wilhelm. Dieser schärft ihm ein, sich nicht in die politischen Angelegenheiten des Landes zu mischen. Dazu hat dieser aber gar keine Gelegenheit. Die Russen lassen ihn auf Schritt und Tritt überwachen, die Reiseroute muss peinlich genau eingehalten werden und auch seine preußischen Reisebegleiter nehmen ihm jede Arbeit ab und lassen ihn nicht seinen Forschungen nachgehen. Die Reise gerät zur Farce, sie besteht mehr aus Empfängen als aus Forschung.

Gauß, der schon vor Humboldts Reise durch einen Brief mit ihm in Kontakt getreten ist, erforscht unterdessen zu Hause das Magnetfeld der Erde, um Humboldts Vermutung zu dessen Fluktuation zu bestätigen. Doch die Zusammenarbeit wird durch die vorgeschriebene Strecke erschwert, Humboldt kann die Messungen nicht an den von Gauß als geeignet erachteten Punkten durchführen. Wenn Gauß nicht mit Weber neue physikalische Untersuchungen durchführt, geht er immer häufiger spazieren, denkt an seine Familie und seine verstorbene Frau oder sinniert über Altern und Tod. Als er darüber unter freiem Himmel einschläft, hat er eine Zukunftsvision und sieht die Welt, wie sie in etwa 150 Jahren sein wird.

Humboldt, der auf seiner Reise fast entmündigt und lächerlich gemacht wird, rettet indirekt durch seine Navigationskenntnisse die Reisegesellschaft, als der Kapitän des Schiffs, mit dem sie ein Stück aufs Meer gefahren sind, im Nebel die Orientierung verloren hat. Humboldt hat allerdings gar nicht zurückkehren wollen und in die falsche Richtung gewiesen, sein Mitarbeiter aber hat ihn durchschaut. Humboldt will weiter, nicht zurück. Stattdessen muss er nun ihm zu Ehren organisierte gesellschaftliche Veranstaltungen über sich ergehen lassen. Ausgehend von seinem Eingeständnis, dass er nun Gauß' Ablehnung gegenüber öffentlichen Empfängen verstehe, treten die beiden Wissenschaftler nun teils in Träumen, teils telepathisch miteinander in Kontakt und ziehen ein Resümee ihres Lebens.

Der Baum (S. 295–301)

Eugen Gauß ist die Hauptfigur dieses letzten Kapitels, er tritt seine Reise in die Verbannung nach Amerika an. In einem Rückblick erfährt man, wie sich Vogt am Morgen nach der Verhaftung an Eugen für das Verhalten seines Vaters gerächt hat, wie es Humboldt doch gelungen ist, eine Verbannung zu erwirken, und wie sein Vater ihm einen letzten Besuch abstattet. Kurz nach dem Abschied beginnt Eugen seinem Vater immer ähnlicher zu werden: Er kann sich Spielkarten nach einer Methode merken, die dieser im beigebracht hat, und auch ihm kommen die Pausen, die die Menschen vor der Antwort machen, lang vor. Humboldt gibt ihm briefliche Ratschläge, wie er sich jenseits des Ozeans verhalten solle. Als das Schiff einen ungeplanten Zwischenhalt in Teneriffa einlegen muss, findet Eugen denselben Drachenbaum wie seinerzeit Humboldt und hat ähnliche Empfindungen. Der Roman endet, als Eugen Amerikas Küste erblickt.

Tabellarische Kapitelübersicht

(Die Jahreszahlen lassen sich aufgrund historischer Fakten erschließen.)

	Humboldt 	**Gauß** 
1	**Die Reise** (S. 7–18) Gauß auf dem Weg von Göttingen nach Berlin zu Humboldt; Zusammentreffen der beiden Wissenschaftler (1828)	
2	**Das Meer** (S. 19–51) Humboldts Kindheit (Berlin) und Studienzeit (Göttingen); Überfahrt nach Südamerika (1769 bis 1799)	
3		**Der Lehrer** (S. 53–68) Gauß' Kindheit und Jugend, Braunschweig (1777–1795)
4	**Die Höhle** (S. 69–80) Humboldts Aufenthalt in der spanischen Provinz Neuandalusien (1799)	
5		**Die Zahlen** (S. 81–99) Gauß' Studienzeit, Promotion, Fertigstellung seines „Lebenswerks" (Göttingen, Braunschweig, 1795–1801)
6	**Der Fluss** (S. 101–142) Humboldts Suche nach dem Verbindungskanal zwischen Amazonas und Orinoko (heute Venezuela, 1800)	
7		**Die Sterne** (S. 143–162) Gauß' Wechsel zur Astronomie, seine Hochzeit mit Johanna, deren Tod bei der Geburt des 3. Kindes (Braunschweig, Göttingen, 1801–1809)
8	**Der Berg** (S. 163–180) Humboldts und Bonplands Besteigung des Chimborazo (heute Ecuador, 1802)	

9	**Der Garten** (S. 181–194) Gauß als Vermesser im Schloss des Grafen von der Ohe zur Ohe (Lüneburger Heide, 1820)
10	**Die Hauptstadt** (S. 195–214) Humboldts Erforschung der aztekischen Kultur in Neuspanien (Mexiko), Besteigung des Vulkans Jorullo (1803), Weiterreise nach Philadelphia, Empfang durch US-Präsident Jefferson (Washington, 1804)
11	**Der Sohn** (S. 215–225) Gauß bei Humboldt in Berlin, Gespräch der Wissenschaftler, Flucht Eugens vor den Beleidigungen seines Vaters (Berlin, 1828)
12	**Der Vater** (S. 227–234) Eugen besucht eine verbotene studentische Versammlung und wird verhaftet (Berlin, 1828)
13	**Der Äther** (S. 235–250) Humboldts Vortrag auf der Naturforscher-Versammlung, Gauß' Flucht aus der Gesellschaft, Nachricht von der Festnahme Eugens (Berlin, 1828)
14	**Die Geister** (S. 251–262) Humboldt und Gauß nehmen auf der Suche nach dem Gendameriekommandanten Vogt an einer spiritistischen Sitzung teil, Gauß verdirbt den Versuch, bei Vogt auf Eugens Freilassung hinzuwirken (Berlin, 1828)
15	**Die Steppe** (S. 263–293) Humboldt reist durch Russland, Gauß forscht in Göttingen, beide untersuchen den Erdmagnetismus und ziehen ein Resümee ihres Lebens (Berlin–Russland, 1829 / Göttingen)
16	**Der Baum** (S. 295–301) Eugen wird nach Amerika verbannt, wird auf der Überfahrt seinem Vater ähnlicher und tritt in Humboldts Fußstapfen (Drachenbaum auf Teneriffa) (Berlin–London–Amerika, 1829/30)

Textanalyse und Interpretation

1 Aufbau und Handlungsstruktur

Der Roman besteht aus 16 Kapiteln unterschiedlicher Länge. Die Kapitel-Titel hingegen sind stets gleich aufgebaut. Sie bestehen jeweils aus einem Nomen im Singular mit seinem bestimmten Artikel. Dies erinnert an ein Sachbuch oder an ein Lexikon. Die Begriffe entstammen unterschiedlichen Gebieten. Während bei den alternierenden Kapiteln, die sich abwechselnd Gauß und Humboldt widmen, Bereiche der Natur bzw. der Naturwissenschaft dominieren, finden sich bei den späteren Kapiteln auch Wörter aus dem familiären und sogar aus dem übernatürlichen Bereich (vgl. Interpretationshilfe, S. 25 f.). Dies steht im Zusammenhang mit dem chronologischen Aufbau des Romans: Zu Beginn des Forscherlebens steht die Naturwissenschaft im Mittelpunkt, später gewinnen auch die anderen Bereiche an Bedeutung.

Der Roman lässt folgende **Grundstruktur** erkennen: Die Kapitel 1 („Die Reise“) und Kapitel 11 („Der Sohn“) spannen einen Rahmen um die dazwischenliegenden. Diese Binnenkapitel enthalten eine lange **Rückwendung**: Sie schildern abwechselnd die Vorgeschichten zu den in den Rahmenkapiteln zusammentreffenden Figuren Humboldt und Gauß. Diese **alternierende** Erzählung bildet den größeren Teil des Romans, denn erst nach zwei Dritteln des Textes schließt sich der Rahmen zum ersten Kapitel. **Ab Kapitel 11** wird die Verbindung der beiden Protagonisten in Struktur und Inhalt nicht mehr aufgelöst. Ihre weiteren **Lebensgeschichten** werden **gemeinsam dargestellt**. Rahmende Funktion erhalten hier nun Kapitel 12 („Der Vater“) und Kapitel 16 („Der Baum“), da deren Hauptfigur im Unterschied zu allen anderen Kapiteln Gauß' Sohn **Eugen** ist. In Kapitel 12 tritt er als Befürworter der neuen Ideale der Freiheit auf, wird dafür aber (noch) verhaftet. In Kapitel 16, dem letzten Kapitel, wird er positiver dargestellt. Er lässt den alten Kontinent hinter sich und wird in Amerika ein neues Leben beginnen. Doch Eugen nimmt seine Vergangenheit mit, denn er wird einerseits seinem Vater Gauß ähnlicher und tritt andererseits auf Teneriffa in die Fußstapfen Humboldts. Unter diesen Gesichtspunkten bildet dieses **letzte Kapitel eine Synthese**, da Eugen Eigenschaften der Hauptfiguren der vorangegangenen Kapitel in sich vereint. Diese Synthese wird bereits im 15. Kapitel vorbereitet, in dem Humboldt und Gauß durch Briefe, Träume und schließlich sogar durch Telepathie in Kontakt stehen. Die Figur Eugen führt die Handlung in die **Zukunft**: Anders als Humboldt wird er als Verbannter nicht in die „alte Welt" zurückkehren können. Obwohl der **Schluss** prinzipiell **offen** gehalten ist, stimmt das Romanende mit seinem Aufbruch nach Amerika optimistisch.

Schematische Übersicht zur Romanstruktur

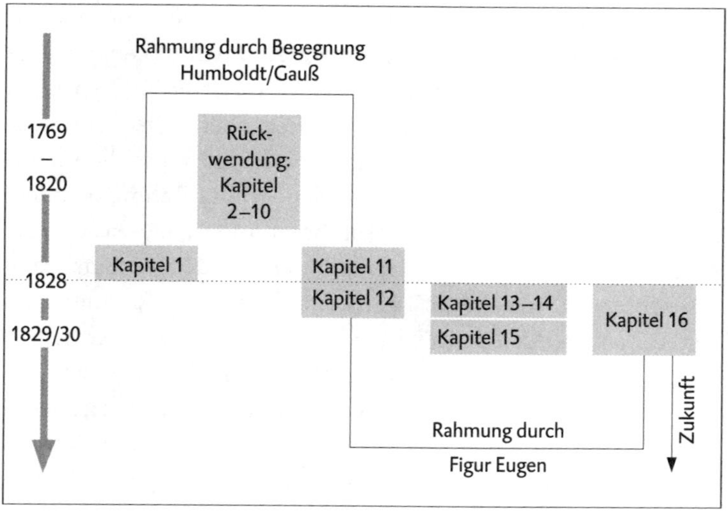

2 Charakteristik und Konstellation der Hauptfiguren

Bereits der alternierende Aufbau des ersten Teils des Romans stellt **Alexander von Humboldt** und **Carl Friedrich Gauß** einander unmittelbar gegenüber. Die beiden sind **gleichrangige Hauptfiguren**, auch wenn Humboldt ein Kapitel mehr gewidmet ist und auch innerhalb der gemeinsamen Kapitel ausführlicher über ihn erzählt wird.

Die wichtigsten Nebenfiguren auf der Seite Alexanders von Humboldt sind dessen Bruder Wilhelm und sein Reisebegleiter Aimé Bonpland, auf der Seite von Gauß seine Mutter und sein Sohn Eugen. Seinem älteren Bruder Wilhelm wird Alexander vor allem in dessen Kindheit gegenübergestellt. In der Kindheit von Gauß, aber auch darüber hinaus ist die zentrale familiäre Bezugsperson seine Mutter, die durch ihre Verschiedenheit eine **Kontrastfolie** für die zweite Hauptfigur darstellt. Sowohl **Wilhelm von Humboldt** als auch **Gauß' Mutter** stehen bis zum Ende des Romans in Beziehung zu den Hauptfiguren.

Zusätzlich werden beide Protagonisten von ihren jeweiligen (akademischen) **Lehrern** geprägt, die sie auf eine wissenschaftliche Karriere vorbereiten – Humboldt vom Haushofmeister Kunth und Gauß von dem Studenten Martin Bartels.

Die wichtigste Zeit seines Lebens teilt Alexander von Humboldt mit **Aimé Bonpland**, Gauß ist in wissenschaftlicher Hinsicht hingegen eher ein Einzelgänger. Im Laufe seines Lebens wird aber Gauß' **Sohn Eugen** immer häufiger zum Begleiter und gewinnt so an Bedeutung für die Romanhandlung, die er im letzten Kapitel alleine weiterträgt, während Bonpland schon lange handlungsunfähig in Südamerika festsitzt.

Alexander von Humboldt

Über das **Äußere der beiden Hauptfiguren** verrät der Romantext nicht viel, andere Figuren werden ausführlicher beschrieben. Für Kehlmann scheint in Bezug auf seine Protagonisten eher deren Verhalten von Bedeutung zu sein. Humboldt ist allerdings zumindest korrektes Aussehen sehr wichtig. Er ist nicht so attraktiv wie sein älterer Bruder. Sein Attribut ist im Erwachsenenleben die Uniform, die seine Verbundenheit mit **Regeln und Werten** der Gesellschaft, aber auch sein Repräsentationsbedürfnis zeigt.

Auf Humboldts Entwicklung haben vor allem seine **Herkunft** und seine **Erziehung** entscheidenden Einfluss. Er wird als der jüngere von zwei Brüdern in eine **adlige Familie** hineingeboren. Der Vater verstirbt früh, die Mutter sieht in der Erziehung ihrer beiden Söhne ihre wichtigste Aufgabe. Dabei verfolgt sie die höchsten Ziele und fragt sogar Goethe um Rat. Der Haushofmeister Kunth wird damit betraut, die Ausbildung der Jungen zu beaufsichtigen. Es werden die besten Privatlehrer angeheuert. Alexander erhält eine eher mathematisch-naturwissenschaftliche Ausbildung, sein Bruder Wilhelm hingegen wird mit den geisteswissenschaftlichen Schwerpunkten Literatur, Philosophie und Sprachen unterrichtet.

Alexander hat zunächst Lernschwierigkeiten, ist überhaupt ein **schwächliches Kind** (vgl. S. 20) und spricht nicht viel. Früh interessiert er sich für die Natur und entwickelt Schemata, um seine Funde zu sortieren. Ordnung gibt ihm ein Gefühl von Sicherheit. Doch Kunth, der Wert auf eine „ganzheitliche" Erziehung legt, lehrt sie mit Hilfe von Schauergeschichten auch „metaphysische Angst" (S. 21) und achtet auf ihre „Herzensbildung" (S. 23), indem sie in Henriette Herz' Salon verkehren. Als die Brüder eine Geschichte über Aguirre lesen, beschließt Humboldt bereits, an den Orinoko zu reisen und eine Karte dieses Gebietes anzulegen.

Nachdem er wenig später nur knapp die Folgen eines Einbruchs ins Eis des Schlossteiches überlebt, zu dessen Betreten ihn sein Bruder verleitet hat, entwickelt Humboldt **Ehrgeiz und Zielstrebigkeit** beim Lernen. In diesem Zusammenhang ist auch interessant, dass sich Alexander, der spätere Naturwissenschaftler, die Menschen durchaus als **Maschinen** vorstellen kann, während sein eher kulturwissenschaftlich interessierter Bruder auf die Seele verweist (vgl. S. 24). Die Gleichzeitigkeit von **Nähe und Verschiedenheit** der Brüder wird vor allem in einem späteren Briefentwurf Alexanders deutlich, als er sein Studium nach kurzer Zeit beendet und es bereits bis zum Bergwerksinspektor gebracht hat:

Alexander von Humboldt (1769–1859) in jungen Jahren (Selbstporträt)

> *Unsere Brüderlichkeit, [...] wieso erscheint sie mir als das eigentliche Rätsel? Daß wir allein sind und verdoppelt, daß Du bist, was ich nicht werden soll, und ich bin, was Du nicht sein kannst, daß wir zu zweit durchs Dasein müssen, einander, ob wir wollen oder nicht, für immer näher als jedem anderen. Und wieso vermute ich, daß unsere Größe folgenlos bleiben und, was wir auch vollbringen, dahinschwinden wird, als wäre es nichts, bis unsere gegeneinander gewachsenen Namen wieder zu einem verschmolzen, verblassen werden?* (S. 33 f.)

Zwar haben der Orakelspruch Goethes und die Interpretation durch Kunth (vgl. S. 19 f.) die natürliche Konkurrenzsituation von Brüdern unnatürlich verschärft, doch zeugt der Brief dennoch von einer starken **persönlichen Nähe**.

Wenn Alexander sich durch die Reise in gewisser Weise auch von seinem Bruder distanzieren will, bleibt er doch durch Briefe, in denen er seine Erkenntnisse schildert, in ständigem Kontakt zu ihm. Auch legt er Wert darauf, dass die **Öffentlichkeit** von ihm erfährt. So wie Wilhelm Alexanders Ansehen durch die Veröffentlichung der ihm geschickten Briefe fördert, so respektiert auch Alexander, was sein Bruder macht. So stellt er ihn direkt neben Goethe, wenn er beim Abendessen mit dem Vizekönig in Neuspanien von beider Interesse für alte Sprachen berichtet (vgl. S. 202 f.). Dennoch bleibt eine gewisse Ambivalenz in der Beziehung, denn als der Conde de Moctezuma ihn fragt, ob er „sich vorstellen könne, wie es sei, das Leben als Schatten eines großen Verwandten zu führen", antwortet Humboldt, dass er dies „manchmal" könne (vgl. S. 204).

Viel später, am Sterbebett seiner Schwägerin, erkennt Alexander, dass beide Brüder ihr Leben damit verbracht haben, ihre vermeintlichen „Bestimmungen" zu erfüllen, und dabei vieles unterdrückt haben: Man müsse „sich entsetzliche Gewalt antun" (S. 264). Ein Beispiel ist die unterdrückte **homosexuelle Neigung** Alexanders. Es ist einer der intimsten Momente zwischen den Brüdern, als Wilhelm preisgibt, schon „immer" davon gewusst zu haben, und Alexander es nicht leugnet (vgl. S. 264). Vor diesem Hintergrund versteht der Leser auch Humboldts **Flucht vor der Sexualität**, die er als tierisch empfindet (vgl. S. 48). Mit Frauen kann er nichts anfangen, alle anderen Formen der Sexualität sind nicht gesellschaftsfähig, so muss er sie ganz aus seinem Leben verbannen. Dies verlangt er auch von Bonpland, der dies allerdings nicht durchhalten kann und will.

Zuneigung vermag Humboldt hingegen **für Pflanzen und Tiere** zu entwickeln: Der „Begegnung" mit dem Drachenbaum verleiht Kehlmann zärtliche Züge, wenn Humboldt „über die Rinde" streicht und „seine Wange ans Holz" (S. 47) legt. Humboldts Verhältnis zu dem zugelaufenen Hund ist zwar nicht zärtlicher Natur, die Bindung zwischen ihnen gewinnt jedoch schon nach einer Nacht eine solche Stärke, „als hätten sie immer zusammengelebt" (S. 106). Das Verschwinden bzw. den Tod des Hundes kann und will er deshalb kaum akzeptieren (vgl. die Halluzinationen beim Besteigen des Chimborazo, S. 172).

Humboldts wissenschaftliches Interesse umfasst alle Formen der Natur, er erforscht Steine, Pflanzen und Elektrizität (auch am eigenen Körper). **Wissenschaft** und Erkenntnis sind für ihn unmittelbar geknüpft an **Erfahrungen** und **Entdeckungen** und somit an das Reisen – in deutlichem Gegensatz zu Gauß, dem sein Schreibtisch genug ist.

Widmet er sich zwar auch schon zu Lebzeiten seiner Mutter der empirischen Forschung (vgl. z. B. S. 31 f.), so bringt ihn doch erst ihr Tod der Verwirklichung des Kindheitstraums näher, nach Südamerika zu reisen und den Orinoko zu befahren. Den **Tod der Mutter** erlebt er deshalb als **Befreiung**: „Er war noch nie so glücklich gewesen." (S. 36) Aller Verpflichtungen entledigt kann er sich nun mit dem ererbten Vermögen alle Messinstrumente beschaffen, die er für seine Experimente benötigt.

Schon während der Reise nach Südamerika zeigt sich Humboldts **eiserner Willen**: Er überwindet alle Hindernisse, die sich ihm in den Weg stellen, verschreibt dem spanischen Außenminister – um an Pässe zu kommen – gar ein Potenzmittel, ohne davon auch nur die geringste Ahnung zu haben. Mit Willenskraft begegnet er allem, was nicht in sein Weltbild passt: der eigenen Seekrankheit, Seeungeheuern, der Erscheinung seiner toten Mutter in einer Höhle in Neuandalusien. So befiehlt er sich bei der Besteigung des Chimborazo das „Nichtdenken" (S. 179) und ignoriert alle Halluzinationen und körperlichen Beeinträchtigungen so weit als möglich, um seine Messungen durchführen zu können.

Genauigkeit ist dabei für Humboldt das oberste Prinzip. Bereits auf der Überfahrt nach Amerika macht er sich durch seine **Pedanterie** beim Kapitän unbeliebt, als er dessen Navigationsergebnisse korrigiert. Für Humboldt ist Genauigkeit geradezu eine Existenzfrage: „Aber wie könne man leben, fragte Humboldt, [...] wenn einem Genauigkeit nichts bedeute?" (S. 45) Einer seiner Lehrer, Marcus Herz, hat ihm beigebracht, dass es helfe, die Dinge zu messen, wenn man Angst vor ihnen hätte (vgl. S. 22). **Vermessungen** erfüllen Humboldt „stets mit Hochgefühl" (S. 39). Bonpland und die meisten anderen Menschen, die dem Prinzip des Pragmatismus folgen, versteht er nicht. Auch Musik, Literatur und Theater berühren ihn nicht. Das zeigt sich, als er versucht, das Goethe-Gedicht *Ein Gleiches* wiederzugeben (vgl. S. 128). Für Humboldt verwirrt Literatur die Menschen, indem sie an die Stelle von Tatsachen Erfundenes stelle: Da „Zahlen [...] Unordnung" (S. 50) zu bannen vermögen, ist es verständlich, dass Humboldt „Bücher ohne Zahlen" (S. 221) beunruhigen. Mit dem Bedürfnis nach Ordnung korrespondiert seine **Selbstdisziplin**. Äußeres Symbol dafür ist seine Uniform. Mit ihr trägt er die ihm vermittelten Werte in die neue Welt. Seine Selbstdisziplin ist ihm auch noch eigen, als er bereits ein „kleiner alter Herr mit schlohweißen Haaren" (S. 14) geworden ist. Er ist noch erstaunlich kräftig und zieht einen Teil seiner Kraft daraus, dass er Misserfolge schnell wieder vergessen kann (vgl. S. 17). Sein Tagesablauf ist streng geregelt und von Arbeit geprägt, das Leben ist für ihn Gesetzen unterworfen, die der Verstand formt (vgl. S. 220) und nicht, wie Gauß denkt, die Natur.

Einige Male verändert Humboldt die Tatsachen so, dass sie in sein **Wertgefüge** bzw. in das Bild passen, das er für die Öffentlichkeit abgeben möchte. So verschweigt er in seinem sonst so minutiös geführten Tagebuch, von Sandflöhen befallen worden zu sein, da ihn sonst „keiner mehr ernst" (S. 112) nehmen würde. Auch nach der Begegnung mit dem Jaguar schreibt er nicht die tatsächlichen Ereignisse nieder – vielmehr schildert er sie sogar so, „wie sie sich hätten abspielen sollen" (S. 108).

Die Werte der Urwaldstämme ordnet er seinem wissenschaftlichen Interesse unter, wenn er zum Beispiel drei bereits bestattete Leichen zu Forschungszwecken mitnimmt. Für Verstöße gegen die eigene Wertordnung dagegen zeigt er sich im größeren Zusammenhang sensibel: So kann er es in Südamerika kaum glauben, dass hier vor langer Zeit zur Einweihung eines Tempels um die 20 000 Menschen geopfert wurden: „So viel Zivilisation und so viel Grausamkeit [...]. Was für eine Paarung! Gleichsam der Gegensatz zu allem, wofür Deutschland stehe." (S. 208) Im heimischen Umfeld jedoch fehlt ihm bisweilen die Sensibilität für Vergehen gegen seine Werte: Als er in Berlin gegen Eugens Gefangennahme interveniert, kann Humboldt es sich nicht vorstellen, dass ein preußischer Beamter bestechlich ist – diese Möglichkeit kommt in seinem **Weltbild** nicht vor (vgl. S. 258). Schon in Südamerika musste Bonpland solche Dinge regeln.

Spricht aus dem Erlebnis mit dem Drachenbaum, der der Vergänglichkeit trotzt, noch die Sehnsucht, der Zeit zu entfliehen – dies verbindet ihn mit Gauß –, so kann er den **Tod** später in sein Weltbild einordnen: Die „Natur" habe das „Sterben" „umsichtig [...] eingerichtet" (S. 263). Die Romanhandlung illustriert seine Rede: Er ist noch da, aber „seine Größe" ist „lange dahin" (S. 263) – die jungen Wissenschaftler lachen ihn aus (vgl. S. 239) und die Russlandreise zeigt seine nachlassenden Fähigkeiten. Seinen **Prinzipien treu**, bemüht er sich aber bis zum Schluss, „nicht gebeugt zu stehen" (S. 291). Humboldt – u. a. Botaniker, Geograf, Klima- und Wetterforscher und Mineraloge – kann trotz seiner teilweise deutlich werdenden Beschränktheit (z. B. hinsichtlich der Literatur) als der letzte **Universalgelehrte** bezeichnet werden. Nicht nur sein Stammbaum endet mit seinem Tod, sondern auch das Wissenschaftsverständnis, das er vertreten hat.

Carl Friedrich Gauß

Wie über das Aussehen Humboldts erfährt der Leser auch wenig über Gauß' Äußeres. Für Gauß selbst spielt sein Aussehen ohnehin keine Rolle, er wirkt oft eher ungepflegt mit seiner ständig laufenden Nase. Ihm wird später die **Samtkappe** als Attribut zugeordnet, mit der der historische Gauß häufig abgebildet wird. Sie symbolisiert im Roman seine Affinität zum Häuslichen.

Darstellung des historischen Carl Friedrich Gauß (1777–1855) mit einem Fernrohr

Gauß hängt sein Leben lang sehr an seiner **Mutter**. Sie ist sein emotionaler Anker, und die Tatsache, dass er ihr **intellektuell weit überlegen** ist, schmälert die Zuneigung keineswegs. Da er Angst hat, sie zu verlieren, ist es ihm fast unerträglich, dass sie wie alle Menschen altert. Gauß ist ein „**trauriges Kind**", weil er sich früh bewusst ist, dass die Zeit vergeht, jeder Augenblick ein verlorener ist (vgl. S. 59).

Das Verhältnis zu seinem **Vater** ist anders. Auch ihm ist Gauß intellektuell früh überlegen, er entwickelt aber keine besondere emotionale Beziehung zu ihm. Die Erziehungsarbeit des Vaters scheint sich auf den Ratschlag zu beschränken, sich gerade zu halten. An ihm bemerkt Gauß auch, was ihn vor allem in seiner Jugend bei allen Menschen stört, und zwar, dass sie langsamer denken als er: In Gesprächen empfindet er die Wartezeit auf eine Antwort als unsäglich lang. Als sich beim Lesenlernen und beim Mathematikunterricht seine **besondere Begabung** auch anderen zeigt, ist es nicht der Vater, der ihn fördert, sondern zunächst sein **Lehrer**. Seine Eltern sind nicht leicht davon zu überzeugen, dass ihr Sohn das Gymnasium besuchen soll. In dieser Zeit steht im **Martin Bartels** zur Seite, der selbst aus armen Verhältnissen stammt und ebenfalls als Wunderkind gegolten hat, schließlich aber Gauß als begabter anerkennt und ihm hilft, sich zurechtzufinden. Gauß erhält ein Stipendium des Herzogs von Braunschweig, der auch der Pate Alexanders von Humboldt ist.

Gauß tritt schon als Kind **selbstbewusst und unkonventionell** für seine Ziele ein, z. B. als er Pilâtre de Rozier davon überzeugt, ihn auf einen Ballonflug mitzunehmen (vgl. S. 64). So nimmt er es sich auch heraus, dem Pastor und der von ihm vertretenen Theologie zu widersprechen (vgl. S. 60 f.).

Nach seiner mit summa cum laude abgeschlossenen Promotion läuft das Stipendium aus und Gauß muss sich als **Landvermesser** Geld verdienen, um sein **Lebenswerk**, die *Disquisitiones Arithmeticae,* beenden zu können. Bei den Vermessungen lernt er seine spätere **Frau Johanna** kennen, die ihm dadurch auffällt, dass bei ihr die Pause zwischen Frage und ihrer Antwort fehlt und sie einen Sinn für Mathematik hat (vgl. S. 89).

Schon vor und später auch während seiner Ehe hat Gauß **sexuelle Beziehungen** zu Prostituierten. Durch sie erfährt der Leser ausnahmsweise etwas über Gauß' Äußeres: Er gefällt ihnen, „weil er jung war, gut aussah und Manieren hatte“ (S. 86). Seine Favoritin ist Nina, die aus Sibirien stammt. Vor der Hochzeit mit Johanna besucht er sie noch einmal in Göttingen. Er denkt, es sei zum letzten Mal, doch als sie wieder dorthin zurückziehen, geht er heimlich wieder regelmäßig zu ihr. Bis ins Alter bleibt Gauß **empfänglich für weibliche Reize**, sei es bei der Bekanntschaft mit Webers Frau oder beim Betrachten des halbnackten Mediums bei der Séance.

Johanna scheint Gauß als einzige Person **noch wichtiger** zu sein **als seine Mutter**, da er sich wegen der Ablehnung des Heiratsantrags das Leben nehmen will. Sie begründet ihre Ablehnung mit dem Verdacht, „daß er Leben und Kraft aus den Menschen seiner Umgebung ziehe wie die Erde von der Sonne [...], daß man in seiner Nähe zur Blässe und Halbwirklichkeit eines Gespensterdaseins verurteilt sei“ (S. 93). Indirekt beschreibt sie damit die allen überlegene Genialität von Gauß. Dieser sieht nach ihrer Ablehnung des Antrages, nach Abschluss seines Lebenswerkes und nach seinem Besuch bei dem senilen Kant, dem er seine Theorien nicht mehr vermitteln konnte, keinen Sinn mehr. So beschließt er, **sich umzubringen**, sollte auch ein zweiter Antrag abgelehnt werden. Dann könne er wenigstens mit Gott über die Unzulänglichkeit seiner Schöpfung sprechen (vgl. S. 99) – was sich durchaus als Hybris lesen lässt. Doch diesen Antrag nimmt Johanna an. Die **Liebe zu seiner ersten Frau** wird als echt dargestellt, ist körperlicher und geistiger Natur und besteht über den Tod Johannas hinaus – Gauß wird sich noch im Alter wünschen, dass sie mit ihm Kontakt aufnimmt (vgl. S. 282). Als Ehemann muss Gauß eine Familie ernähren, deshalb wechselt er vom Fachgebiet der Mathematik zur Astronomie und schließlich auch – der besseren Stellung und Bezahlung wegen – von Braunschweig nach Göttingen.

Schwer trifft Gauß der **Tod seiner Frau** bei der Geburt seines dritten Kindes, das ebenfalls nicht überlebt. Gauß hat das Gefühl, dass nun „alles vorbei“ (S. 162) sei, erweist sich aber insofern als pragmatisch, als er sogleich eine **Wiederverheiratung** anstrebt, um Kinder und Haushalt versorgt zu wissen. So heiratet er Johannas Freundin Minna, die er nicht liebt, und arbeitet wieder als Landvermesser. Dabei hilft ihm später sein Sohn aus zweiter

Ehe, **Eugen**, den er ebenfalls nicht sehr schätzt und auch nicht gut behandelt. Der Familienvater Gauß ohrfeigt seinen Sohn und gibt ihm die Anweisung, die ihm schon aus dem Mund seines eigenen Vaters nicht viel gesagt hat: „Halt dich gerade!" (S. 194) Er hält nichts von dessen freiheitlicher politischer Gesinnung, verletzt und demütigt ihn wiederholt. Mit den Messinstrumenten geht er achtsamer um. Bei der Befreiung seines inhaftierten Sohnes zeigt er deshalb im Gegensatz zu Humboldt kaum Initiative und wünscht sich stattdessen indirekt Weber als Sohn, der seinen wissenschaftlichen Ansprüchen eher gerecht zu werden versteht: „Mit dem Jungen sei es hoffnungslos, sagte Gauß. Dieser Weber gefalle ihm besser." (S. 252) Beim endgültigen Abschied von Eugen, der der Verbannung entgegensieht, kommt ihm – wie in der Hochzeitsnacht – eine wissenschaftliche Erkenntnis, die sich über die Emotionen stellt. Erst viel später, als Eugen bereits in der Verbannung ist, gesteht Gauß sich ein, dass ihm sein Sohn fehlt (vgl. S. 272), auch Minna kann er nun besser leiden (vgl. S. 267). Das Alter hat ihn **milder** gemacht und zu folgender Erkenntnis geführt: „Man mußte sich damit abfinden, man durfte die Menschen nicht überschätzen." (S. 272)

Als Wissenschaftler baut Gauß auf die **Erkenntnis der Naturgesetze**. Anders als Humboldt gibt er sich nicht mit Messergebnissen zufrieden, sondern will die Gesetze finden, die ihnen zugrunde liegen, und die Welt dadurch berechenbarer machen. Während Humboldts wissenschaftliches Vorgehen am Ende des Buches als überholt dargestellt wird, bleibt Gauß als Ratgeber wichtig und nimmt, zunehmend mit Webers Hilfe, bis zum Schluss Einfluss auf die wissenschaftliche Entwicklung. So passt es auch ins Bild, dass er in einer Zukunftsvision sieht, wie die Welt in ca. 150 Jahren sein wird. Gauß leidet zeitlebens darunter, in eine Gegenwart geboren zu sein, der noch so viele Entdeckungen und Erfindungen fehlen, die das Leben erleichtern würden und die er schon voraussehen kann.

Während Humboldt die Welt bereist, ist für Gauß ein Wissenschaftler „ein Mann allein am Schreibtisch. Ein Blatt Papier vor sich, allenfalls noch ein Fernrohr [...]. Wenn dieser Mann nicht aufgebe, bevor er verstehe." (S. 247) Im Unterschied zu Humboldt ist Gauß vor allem ein **Theoretiker**.

Unter dem **Phänomen des Alterns** leidet Gauß zunächst wegen seiner Mutter, später aber auch wegen sich selbst, vor allem da er das Nachlassen seiner geistigen Fähigkeiten fürchtet, die ihm das Wichtigste sind und über die er sich definiert. Doch als er selbst wirklich alt ist, sieht er dem eigenen **Tod** gelassener entgegen, sieht ihn weniger als Endpunkt wie Humboldt, sondern als weitere Erkenntnismöglichkeit. Der Tod „würde kommen als eine Erkenntnis von Unwirklichkeit. Dann würde er begreifen, was Raum und Zeit waren, was die Natur einer Linie, was das Wesen der Zahl." (S. 282)

Mit Humboldt teilt Gauß die **Abneigung gegen die Literatur**. Die Tränen bei dem Theaterbesuch in Weimar rühren nicht von emotionaler Bewegung, sondern von seinem gelangweilten Gähnen her. Goethe nennt er – ohne darauf zu achten, dass andere ihn hören – einen Esel. Gesellschaftlicher Takt liegt ihm fern. Wilhelm von Humboldt, der sich ihm nach der Theateraufführung vorstellt, unterstellt er indirekt mangelnde Intelligenz und verwechselt ihn mit dessen Bruder. So wichtig Alexander von Humboldt **gesellschaftliche Regeln** sind, so **gleichgültig** sind sie Gauß. Auch für die politischen Verhältnisse interessiert er sich nur, wenn sie ihn direkt betreffen.

Seine **Überlegenheit** wird eigentlich nur ein einziges Mal stärker erschüttert, und zwar vom Grafen Hinrich von der Ohe zur Ohe. Auf dessen Schloss suchen ihn in der Nacht, für die ihm ein spartanischer, schmutziger Schlafplatz zugewiesen wird, nicht nur seltsame Träume heim. Am nächsten Morgen hat er auch noch das Gefühl, „daß er jene Wirklichkeit, in die er gehörte, um einen Schritt verfehlt hatte" (S. 185). Er gelangt in einen paradiesartigen Garten, in dem er auf den Schlossherrn trifft. Es entwickelt sich ein für Gauß nicht durchschaubares Gespräch, in dem der Graf zunächst einfältig wirkt, dann aber allwissende Züge zeigt, die ihn der wissenschaftlich fassbaren Realität entrücken. Gauß versteht die Anspielung des Grafen auf das von Gauß vor seinem geplanten Selbstmord geäußerte Vorhaben nicht, dass er Gott Beschwerden habe vortragen wollen. Der Leser jedoch kann diese Stelle als Anzeichen dafür werten, dass der Graf sich als Gott identifiziert.

Weder Gauß noch Humboldt haben Verständnis für solche Erlebnisse, dafür sind sie zu sehr Kinder der Aufklärung. Doch unterscheiden sich die beiden Wissenschaftler in anderer Hinsicht: Während **Humboldt der letzte Universalgelehrte** ist, ist **Gauß ein Begründer der modernen Wissenschaft** (vgl. hierzu Kehlmann in RfeH, S. 83).

Vergleich der Figuren Humboldt und Gauß

Alexander von Humboldt	Carl Friedrich Gauß
• reiches Elternhaus, älterer Bruder	• armes Elternhaus, Einzelkind
• glücklich, als seine Mutter stirbt	• hängt lebenslang an seiner Mutter
• Getriebener / Reisender	• „Stubenhocker“
• Gefährte: Bonpland	• „Gefährte(n)“: Bartels, Eugen; aber: wissenschaftlicher Einzelgänger
• Junggeselle mit unerfüllten homosexuellen Neigungen	• zweimal verheiratet, jeweils 3 Kinder, Besuche bei Prostituierten
• Sammeln von Proben u. Messungen, Erkenntnis durch konkrete Erfahrung	• Belegen von Theorien, Erkenntnis durch abstraktes Problemlösen
• experimenteller Wissenschaftler	• analytischer Wissenschaftler
• letzter Universalgelehrter	• Begründer moderner Wissenschaft
• arbeitet für seinen Ruhm in der Nachwelt	• glaubt, dass Nachwelt sich über ihn und seine Zeit lustig machen wird
Beide wollen die Welt vermessen und verstehen; beide suchen nach Freiheit:	
• Humboldt will sich von Unsicherheit und Unordnung befreien	• Gauß will sich aus seiner Zeit / Welt befreien

Wilhelm von Humboldt

Humboldts älterer Bruder, dessen Name im gesamten Roman nicht genannt wird, scheint von der Natur begünstigt und seinem jüngeren Bruder **geistig überlegen** zu sein. Zudem sieht er aus „wie ein Engel“ (S. 20), Erwachsenen gegenüber benimmt er sich auch so. Seinem Bruder gegenüber zeigt er aber **teuflische Eigenschaften**, wenn er ihn z. B. in einen Schrank einschließt, ihm Rattengift ins Essen mischt oder ihn zum Gang auf unsicheres Eis verleitet. Vor allem die letzte Aktion wirkt berechnet: Unmittelbar zuvor hat er dem Bruder mangelnde Leistungen im Unterricht vorgehalten und ihre **Erziehung und Bildung** als „Versuch“ beschrieben, der nicht scheitern dürfe. Und die Folge des herbeigeführten Unfalls ist, dass Alexander von nun an lernt, „als müsse er einen Feind besiegen“ (S. 25).

Der ältere Bruder heiratet, als Alexander noch an der Bergbauakademie studiert; dieser kommt nicht zur Hochzeit, da er seine Arbeit für wichtiger hält. Während Alexander bereit ist, für die Wissenschaft körperliche Schmerzen zu erleiden, ist dies Wilhelm fremd. Er liebt die **Literatur** und steht in näherem Kontakt mit Goethe und Schiller.

Adolph Müller: „Schiller, Wilhelm und Alexander von Humboldt und Johann Wolfgang von Goethe in Jena“ (um 1797)

Als die Mutter stirbt, lässt Wilhelm sich „wegen dringender Geschäfte in Weimar“ (S. 35) entschuldigen. Auch hier scheint also keine normale Mutter-Kind-Beziehung vorzuliegen. Wichtig ist dem älteren Bruder, wie damals seiner Mutter, die Erziehung seiner eigenen Kinder, die zweideutig als „verwirrend klug“ charakterisiert werden (vgl. S. 38). Seine eigene Erziehung bezeichnet er als die „beste“ und sie wird ihm als Vorbild dienen, wenn er von Berlin aus das **Schulsystem** reformiert (vgl. S. 158) und zum **Gründer der Berliner Universität** wird (vgl. S. 266).

Keiner der Brüder kann sich vorstellen, das Leben des anderen zu führen. Doch kommt es vor, dass sie **verwechselt** werden, so z. B. von Gauß. Die „gegeneinander gewachsenen Namen“ beginnen insofern schon zu Lebzeiten ihrer Träger zu „verschmelzen“ (vgl. S. 34). Wilhelm wird bei dieser Begegnung mit Gauß im Weimarer Theater als „hagere[r] Herr[]“ beschrieben. Er trägt zwar einen silbernen Stock mit sich, benutzt ihn aber nicht und steht „sehr aufrecht“ (S. 158). Neben der Verwechslung verletzt Gauß ihn zusätzlich, als er sagt, Sprachwissenschaftlern fehle zur Mathematik die Intelligenz (vgl. S. 159).

Politisch haben Alexander und Wilhelm unterschiedliche Ansichten, auch wenn sie beide hohe Positionen im preußischen Staat bekleiden. Gegenüber Eugen charakterisiert ein Student Wilhelm als den „anständige[n]“ der Brüder, da er sich im Unterschied zum „Franzosenknecht“ Alexander gegen die Besetzung zur Wehr gesetzt habe (S. 228). Vom Studenten wird also Wilhelm positiver beurteilt. Alexander wiederum wirft 1828 seinem Bruder vor, mitverantwortlich für die **Restauration** zu sein (vgl. S. 218), die für ihn das Gegenteil von Fortschritt bedeutet.

Beim Zusammentreffen auf dem Naturforscherkongress wird Wilhelm als „dünner, alter Herr mit wächsernem Gesicht“ (S. 241) bezeichnet, der sich noch immer sehr aufrecht hält. Dies wirkt allerdings bereits „unnatürlich“, ist also gewollt bzw.

erzwungen. Korrektes Auftreten, auch und besonders vor dem Bruder, ist beiden wichtig. Erst in und ab der Szene am Sterbebett von Wilhelms Frau, gibt es mehr Offenheit zwischen den Brüdern. Zwar hält Alexander Wilhelms Hand, weil „die Situation es verlangt“, aber sie sitzen nicht aufrecht und sagen sich nicht „klassische Dinge“ (S. 263), sondern sprechen ehrlich über ihre Befürchtungen und Ängste. Alexander habe Angst vor Langeweile, könne dafür aber gut allein sein. Bei Wilhelm ist es genau umgekehrt. So beginnt für beide ein schwerer Abschnitt ihres Lebens: Wilhelm ist allein, Alexanders Bedeutung als Forscher lässt nach, sein Betätigungsfeld wird kleiner bzw. unwichtig. Zwar ist der Abschied so **förmlich** wie sonst, aber es scheint sich etwas im Verhältnis der Brüder verändert zu haben. Der Abschiedsbrief Wilhelms an Alexander vor dessen Russland-Expedition zeugt von einer **neuen Intimität** zwischen ihnen, die sich auch in der Bitte zeigt, diesen Brief nicht „auf die Zukunft kommen zu lassen“:

> *[...] jetzt sind es wieder, wie im Grunde immer schon, nur wir beide. Man hat uns früh eingeschärft, daß ein Leben Publikum benötigt. Beide meinten wir, das unsere sei die ganze Welt. Nach und nach wurden die Kreise kleiner und wir mußten begreifen, daß das eigentliche Ziel unserer Bemühungen nicht der Kosmos, sondern bloß der andere war. Deinetwegen wollte ich Minister werden, meinetwegen mußtest Du auf den höchsten Berg und in die Höhlen, für Dich habe ich die beste Universität erfunden, für mich hast Du Südamerika entdeckt, und nur Dummköpfen, die nicht verstehen, was ein Leben in Verdoppelung bedeutet, würde dafür das Wort Rivalität einfallen: Weil es Dich gab, mußte ich Lehrer eines Staates, weil ich existierte, hattest Du der Erforscher eines Weltteils zu werden, alles andere wäre nicht angemessen gewesen. Und für Angemessenheit hatten wir immer das sicherste Gespür.* (S. 266)

Aimé Bonpland

Kehlmann gesteht Bonpland eine größere Rolle zu, als dieser sie in Wirklichkeit wahrscheinlich hatte: „So verwandelte ich den Assistenten des Barons, den treuen und vermutlich eher unscheinbaren Botaniker Aimé Bonpland, in seinen [Humboldts] **aufmüpfigen Widerpart**." (CM, S. 15) Er vergleicht deren Verhältnis mit dem von Don Quixote und Sancho Pansa, von Sherlock Holmes und Doktor Watson (vgl. CM, S. 16).

Bonpland tritt zum ersten Mal im zweiten Kapitel („Das Meer") in Erscheinung. Die beiden begegnen sich in Paris, am Treppenaufgang zu Humboldts Wohnhaus. Der **Kontrast zu Humboldt** wird sofort deutlich, da dieser niemals wie Bonpland angetrunken und laut schimpfend auf einer Treppe sitzen würde. Humboldt dagegen zeigt auch in dieser Szene seine gute Erziehung: Er entschuldigt sich, als er dem jungen Mann auf die Hand tritt.

Über das **Äußere** des 25-jährigen Bonpland erfährt man, dass er groß ist und nur wenige Pockennarben hat. Er scheint also für damalige Verhältnisse recht gesund zu sein. Dies wird auch dadurch bestätigt, dass ihm nur ein Zahn fehlt, dieser allerdings ganz vorne. Seine Kleidung sieht etwas mitgenommen aus.

Bonpland ist **Franzose** und stammt aus La Rochelle, einer Hafenstadt am Atlantik. Diese empfindet er als provinziell und eng. Er will keinesfalls dahin zurück. Seinen beruflichen Werdegang hat er als Militärarzt begonnen, da dieser Titel aber für eine Tätigkeit außerhalb der Armee nicht anerkannt wird, geht er zurück an die Universität. Während er seinen Abschluss nachholt, studiert er **Botanik**, da er Tropenpflanzen liebt. Wie Humboldt hat er Baudin, einen französischen Forschungsreisenden, auf einer Weltumseglung begleiten wollen. So wird er per Handschlag Humboldts **Reisegefährte**.

Bonpland zeigt im Vergleich zu Humboldt „normalere" Verhaltensweisen und Ansichten. So wundert er sich, dass sich Humboldt beim Aufbruch nach Spanien nicht mehr nach seinem Bruder und seiner Schwägerin umdreht. Er wundert sich weiterhin, dass Humboldt bereits auf diesem Weg jeden Hügel vermisst und ständig die genaue Position bestimmt. Bonpland ist **Pragmatiker**: Wenn man nach Madrid wolle, folge man der Landstraße und reite so schnell wie möglich dorthin. Humboldt aber geht es „ums Prinzip" (S. 42). Bonpland fügt sich äußerlich, bewahrt aber eine **innere Distanz** („Selbstverständlich, sagte Bonpland und nahm einen Schluck aus seiner Flasche.", S. 42). Ähnlich hält er es mit Humboldts vehementer Forderung, auf **sexuelle Kontakte** zum weiblichen Geschlecht zu verzichten. Er antwortet „etwas Unverständliches" (S. 49) und versucht fortan, sich nicht mehr erwischen zu lassen.

Durch die Pässe, die Humboldt in Madrid erhält, wird er vom Reisegefährten zum **Assistenten** degradiert. Humboldt bezeichnet dies zwar als Missverständnis, beendet Bonplands Protest aber diesmal seinerseits mit pragmatischen Argumenten: „Solche Pässe seien ein Geschenk des Himmels. Das stelle man nicht in Frage, damit mache man sich auf den Weg." (S. 44)

Holzstich von Otto Roth zur historischen Reise von A. v. Humboldt: „Alexander von Humboldt und Aimé Bonpland in der Urwaldhütte am Orinoco" (1870)

Bonpland gelingt es im Gegensatz zu Humboldt auch nicht, Krankheiten mit reiner Willenskraft zu bekämpfen, er wird im Verlauf der Reise **häufiger krank oder verletzt** – so z. B. schon auf der Schiffsreise nach Amerika.

Dem selbstdisziplinierten Humboldt steht mit Bonpland eine **emotionalere, weniger kontrollierte Figur** zur Seite. Beim Abschiedskonzert in Caracas hat er „Tränen in den Augen" (S. 102), überwältigen ihn seine Gefühle beim Zusammenspiel von Musik und dem Zauber der tropischen Nacht voller Sterne. Es ist Bonpland, der Mitgefühl mit dem alten „Forscher" im Urwald hat, der glaubt, das Phänomen des Galvanismus entdeckt zu haben, wohingegen ihm Humboldt die Fakten mitteilt und vorführt (vgl. S. 103). Von der größeren Emotionalität zeugt auch das jeweilige Reisemotiv: Humboldt reist aus Forscherinteresse, Bonpland erscheint hingegen als der eigentliche **Abenteurer**, da er die Reise macht, obwohl bzw. weil er die Gefahren sieht, die damit verbunden sind: „Übrigens sei das Leben teuflisch kurz, warum es aufs Spiel setzen? / Weil es kurz sei, sagte Bonpland." (S. 106) Darüber hinaus begreift er die Reise auch als eine Form der **Selbsterfahrung**: „Wer weit reise, sagte er, erfahre viele Dinge. Ein paar davon über sich selbst." (S. 180) Während Humboldt seine Ansichten über Menschenrechte gelegentlich seiner Mission unterzuordnen vermag, ist Bonpland hier kritischer und stellt Fragen (vgl. S. 119).

Aimé Bonplands **Verhältnis zu Humboldt** ist **vielschichtig**. Äußerlich gehorcht er ihm, aber besonders seine Fieberfantasien weisen auf Aggressionen gegen ihn hin: So erzählt Bonpland von seinen Träumen, in denen er ihn „erwürge, zerhacke, erschieße, anzünde, vergifte oder unter Steinen begrabe" (S. 163). An anderen Stellen wird deutlich, wie er darunter leidet, dass Humboldt berühmt wird, aber niemand *seinen* Namen kennt (vgl. S. 165). Deshalb ärgert er sich auch über die Benennung der Expedition (vgl. S. 211). Als sie bei der Besteigung des

Chimborazo die lebensgefährliche Situation auf der Schneebrücke hinter sich gebracht haben, reichen sie sich die Hand und jeder nennt den Namen des anderen, sonst sagen sie nichts. Das ist einer der intimsten Momente der zwei und von **gegenseitiger Anerkennung** geprägt. Beim Abstieg allerdings gesteht Bonpland Humboldt – ohne dass dieser dies zu hören scheint –, dass er den Gedanken gehabt habe, die Schneebrücke mit einem Tritt zum Einsturz zu bringen, wenn er der Erste auf der sicheren Seite gewesen wäre. Insofern ist die Beziehung zwischen den beiden Reisenden hier von **Nähe und Distanz** geprägt. Dies zeigt sich auch, als Bonpland von einem Reporter über Humboldt befragt wird: Bonpland erklärt, dass er keine Ahnung habe, was für ein Mensch Humboldt sei, obwohl er ihn besser kenne als jeden sonst (vgl. S. 197).

Zumindest einmal scheint Humboldt Rücksicht auf Bonpland und dessen **miserablen Gesundheitszustand** zu nehmen: Er verzichtet darauf, nach der Kartierung des Kanals noch weiter zu den Quellen des Amazonas zu fahren. Zugeben kann er seine Rücksicht allerdings nicht, er gibt wissenschaftliche Gründe an: „wenn er nun unterginge, verschwänden mit ihm alle Funde und Ergebnisse." (S. 136 f.)

In Neuspanien hat Bonpland seine Fieberkrankheit überwunden, ist aber noch sehr dünn und blass. Die Reise hat bei ihm **deutliche Spuren** hinterlassen: Er hat nun „die ersten Falten und weniger Haare" und ihm fehlen nun „so viele Zähne, daß ihm das Essen schwerfiel" (S. 196 f.). Seine Psyche scheint nicht ganz im Gleichgewicht zu sein, da er an den Fingernägeln kaut und einen nervösen Husten zurückbehalten hat.

Bonpland hilft Humboldt auf der Reise immer wieder, den **Kontakt zur wirklichen Welt** nicht zu verlieren: Er zahlt Bestechungsgelder, tritt ihm vor das Schienbein, wenn er während des Abendessens beim US-Präsidenten Jefferson stundenlang Messergebnisse vortragen will, hält ihn von zu gewagten

Unternehmungen ab und macht schließlich den Vorschlag zur Rückkehr nach Europa.

Wieder zurück in Paris, hält Bonpland es nicht allzu lange **im Schatten Humboldts** aus und geht zurück nach Paraguay, wo er sich allerdings auf die falsche politische Seite stellt und bis zu seinem Tode unter Hausarrest gestellt wird. Humboldt versucht vergeblich, ihn zu befreien, aber die beiden bleiben in Briefkontakt. In einem Brief, der Humboldt in Sankt Petersburg erreicht, schreibt Bonpland, dass Humboldt ihm fehle, und nennt ihn vertraut „mein Alter". Was sie einst zusammengeführt hat, die Botanik, scheint für Bonpland in der Erinnerung ein Grund für ihre **emotionale Verbundenheit** zu sein: „Ich habe nie jemanden getroffen, der **Pflanzen** mochte wie Du." (S. 291)

Mutter Gauß

Gauß hat ein ganz anderes Verhältnis zu seiner Mutter als Humboldt. Sie prägt nicht nur seine Kindheit, sondern begleitet ihn bis ins Alter. Wenn sie auch selbst keine großen Taten vollbringt, so hat ihr Verhalten doch einen großen Einfluss auf Gauß und damit auf die Handlung. Die aktivste Rolle spielt sie in seiner Kindheit, als sie ihn tröstet und beschützt und er sie dafür „unsagbar" liebt (S. 53). Sie geht ganz normalen hausfraulichen Tätigkeiten nach und **kann weder lesen noch schreiben** (vgl. S. 54). Gauß nimmt ihr auch nicht übel, dass sie selbst mit seiner Hilfe nicht lesen lernen will. Was ihn bei anderen Menschen stört – wenn sie zu bequem sind, ihren Verstand zu nutzen (vgl. Kant) –, macht er ihr nicht zum Vorwurf (vgl. S. 55). Seine Mutter wird als „**mollig und melancholisch**" (S. 54) beschrieben. Ihr gegenüber bleibt Gauß zeitlebens ein Kind.

Die **starke emotionale Bindung** wird immer wieder deutlich. So vermisst Gauß sie während des Studiums in Göttingen: „seine Mutter fehlte ihm, wenn er krank war, noch mehr als sonst." (S. 83) Bartels, Gauß' Begleiter in Schul- und Studienzeit, wird einmal Zeuge dieser innigen Beziehung: Die Mutter **sorgt sich um ihr Kind** und da sie seine wissenschaftlichen Fähigkeiten überhaupt nicht einschätzen kann, fragt sie Bartels, ob ihr Sohn an der Universität denn Erfolg haben könne. Da Bartels seinerseits nicht verstehen kann, dass jemand blind für die außergewöhnliche Begabung Gauß' sein kann, antwortet er mit Verachtung, „daß ihr Sohn der größte Wissenschaftler der Welt sei“ (S. 85), woraufhin die Mutter in Tränen ausbricht.

Gauß hat „außer seiner Mutter niemanden, dem er etwas bedeutet[]“ (S. 92). Als er sein Lebenswerk abgeschlossen hat und zu Kant nach Königsberg reisen will, weinen Mutter und Sohn beim Abschied (vgl. S. 93). Auch während seiner Verlobungszeit verliert seine Mutter nicht ihre wichtige Rolle: „Gauß spürte, wie er rot wurde. Das geschah immer, wenn jemand seine Mutter erwähnte; nicht aus Scham, sondern weil er sie so liebte.“ (S. 146) Und selbst in der größten emotionalen Krise seines Lebens, beim Tod Johannas, „beruhigte es ihn, als er seine Mutter ankommen hörte“ (S. 162). Noch Jahre später, bei der Abfahrt nach Berlin 1828, nimmt sie gegenüber ihrem Sohn die **Mutterrolle** ein: Gauß kann sich nach der Abreiseaufregung erst fassen, „als seine uralte Mutter, aufgestört vom Lärm, ihn in die Wange kniff und fragte, wo denn ihr tapferer Junge sei“ (S. 8).

Während des Empfangs am Naturforscherkongress kommen ihm die Tränen, als er an seine Mutter denkt (vgl. S. 241). In der Nacht danach, als Eugens Befreiung gescheitert ist, sagt Gauß, dass sein Leben hinter ihm liege, und als einen Grund dafür nennt er, dass „auch seine Mutter [...] nicht mehr lange da sein“ (S. 261) werde. So sehr Gauß auf wissenschaftlichem Gebiet **zukunftsorientiert** ist, so sehr ist er in der Beziehung zu seiner Mutter **rückwärtsgewandt** und auf Bewahrung aus. Seine Mutter bedeutet ihm mehr als sein Sohn Eugen, der in der Romanhandlung die Zukunft der Familie repräsentiert.

Eugen

Eugen ist das erste gemeinsame Kind von Gauß und dessen zweiter Frau Minna. Die Ehe wurde aus praktischen Gründen geschlossen. Gauß bringt Minna kaum positive Gefühle entgegen, anfangs kann er sie sogar „nicht ausstehen" (S. 193). Dies überträgt er auf ihren gemeinsamen Sohn Eugen, der ihm **nicht sehr intelligent erscheint**, gerade weil er so hohe Erwartungen in seine Kinder gesetzt hat. Da er ihn das verbal und körperlich ständig spüren lässt (S. 8: „Versager"; S. 184: „Esel"), hat dieser kaum eine Chance, das Gegenteil zu beweisen. Das gelingt ihm erst viel später, als er dem Einfluss des Vaters entzogen ist. **Missverständnisse belasten das Verhältnis** zusätzlich: Als Gauß z. B. seinem Sohn auf die Schulter klopfen will, hat dieser Angst vor einer Ohrfeige und zuckt zurück. Das veranlasst den Vater dazu, ihn wirklich zu schlagen, und die Ohrfeige gerät auch noch zu fest (vgl. S. 194). Als Eugen eine berechtigte Nachfrage stellt, hält sein Vater ihn für dumm. Die „Trägheit" (S. 194), die Gauß an den Menschen stört, ist für ihn bei seinem eigenen Sohn unerträglich.

Aber es ist Eugen, der seinen Vater während der Reise nach Berlin beinah wie ein widerspenstiges Kind betreuen muss. Sein Vater **beleidigt** ihn fortwährend, indem er ihm vorwirft, „nicht ans Denken" (S. 10) gewöhnt zu sein. Das Lieblingsbuch seines Sohnes, *Die Deutsche Turnkunst,* ein „Klassiker" deutschpatriotischer Überlegungen, wirft er kurzerhand aus dem Fenster, weil es ihm nicht gefällt (vgl. S. 9). Die **freiheitliche politische Gesinnung** Eugens schätzt Gauß nicht. Die Bedürfnisse seines Sohnes, z. B. nach Schlaf, ignoriert der Vater. Doch ohne Eugens Hilfe am Grenzposten wäre Gauß wohl nie in Berlin angekommen (vgl. S. 12).

Dort muss Eugen in der Dienstbotenkammer schlafen (vgl. S. 217), und während des Gesprächs zwischen Humboldt und seinem Vater wird seinen Fragen trotz Wiederholung oft kein

Gehör geschenkt. Selbst hier noch wird Eugen **körperlich und verbal gemaßregelt**, wenn er zum Beispiel seine politische Gesinnung äußert. Besonders verletzt Gauß seinen Sohn, als er Humboldt gegenüber abfällig erwähnt, dass Eugen **Gedichte** schreibe und sich zudem aushalten lasse. Auf Eugens schwachen Protest hin, dass er **Jura und Mathematik studiere**, spricht Gauß ihm jegliches Talent für Mathematik ab. Als sein Vater seine Mithilfe beim Vermessen als Belastung darstellt und Eugen als „Tölpel" (S. 223) bezeichnet, verlässt dieser beleidigt die Humboldtsche Wohnung und findet sich allein in der Stadt Berlin wieder. Sein Vater bleibt davon unbeeindruckt. Doch auch Eugen scheint diesbezüglich bereits ein dickes Fell zu haben. Die Traurigkeit, die ihn im Wirtshaus überkommt, ist nicht durch seinen Vater und auch nicht durch die Einsamkeit verursacht, sondern durch die Stadt selbst, die ihm mit ihren Menschenmassen Angst macht. Schließlich findet er die Gesellschaft einiger Berliner Studenten, die seine freiheitliche Gesinnung teilen und ihn mit zu einer verbotenen Versammlung nehmen. Bereits während der Veranstaltung ist Eugen **emotional stark überfordert** und als die Polizei auftaucht, beginnt er zu weinen (vgl. S. 233). Er erkennt, dass 50 Studenten leicht mit den drei verbliebenen Polizisten fertig werden könnten, doch niemand traut sich, den Anfang zu machen, auch er nicht. Eugen wird festgenommen.

Humboldt kann schließlich auf eine Verbannung hinwirken, sodass Eugen auf die Krankenstation kommt. Bei der **letzten Begegnung mit seinem Vater** macht ihm dieser Vorwürfe, ist geistesabwesend und beschäftigt sich mehr mit Kugelfunktionen als mit den **Ängsten seines Sohnes**, der nicht weg möchte. Gauß verlässt ihn mit der Floskel „er werde es schon schaffen!" (S. 296). Die abschließende Umarmung gerät so heftig, dass Eugen vor Schmerz fast betäubt ist.

Dennoch oder gerade deswegen schafft Eugen es, sich **von seinem Vater zu emanzipieren**, als er von ihm getrennt ist. Bereits beim Warten auf die Fähre nach England kann er Dinge umsetzen, die ihm sein Vater hat beibringen wollen, die ihm aber in dessen Gegenwart nie gelungen waren. In London erhält er einen Brief Humboldts mit guten Ratschlägen, doch keine Zeile von seinem Vater. Trotz der ersten Erfolge bei Glücksspiel und Frauen fühlt Eugen sich noch einsam und hat **Heimweh**.

Doch auf dem Schiff nach Amerika beginnt er, **erwachsen zu werden**, wie die Attribute „Bart" und „Pfeife" zeigen. Vor allem aber wird er **seinem Vater ähnlicher**: Als der Kapitän ihm etwas über Navigation erklären möchte, stören Eugen die langen Pausen vor den Antworten (vgl. S. 299). Während eines recht schweren Sturms bringt Eugen die Beziehung zu seinem Vater auf den Punkt: „Sein Vater habe vieles geliebt, bloß nicht ihn." (S. 300)

Eugens Zukunft hat begonnen. Die Vergangenheit holt ihn noch einmal ein während eines durch den Sturm verursachten, nicht geplanten Zwischenstopps auf Teneriffa, wo er einen an Humboldt erinnernden Gedenkstein findet. Eugen teilt zwar nicht Humboldts Interesse für die Benennung der fremdartigen Tiere und Pflanzen, doch zeigt sich eine Gemeinsamkeit zwischen den beiden, die gar nicht verwandt sind: Der uralte Drachenbaum berührt Eugen in ähnlicher Weise wie damals Humboldt, als dieser zu seiner großen Reise aufbrach: „er habe ausgeruht, er habe für einen Moment geglaubt ein anderer zu sein oder niemand, es sei ein solch angenehmer Ort." (S. 301) So nimmt Eugen auch **ein bisschen „Humboldt"** mit in sein **neues Leben in Amerika**, in die **Freiheit**.

Figurenkonstellation

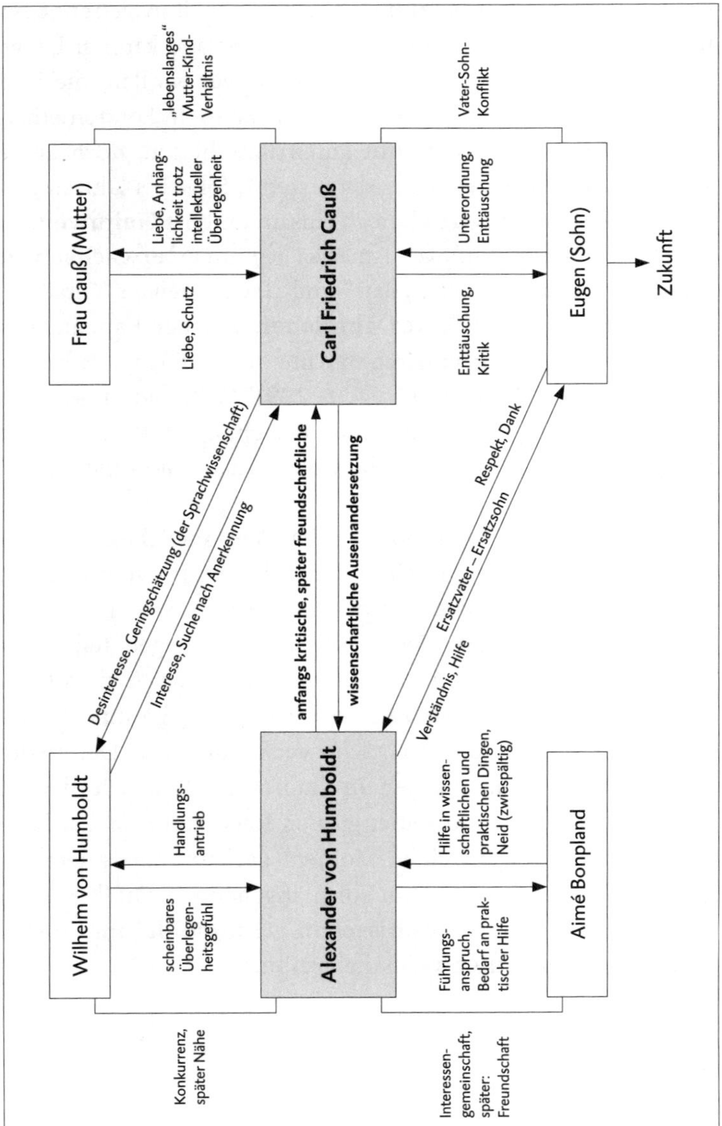

3 Zum Verhältnis von Wirklichkeit und Fiktion

Die Gattungsbezeichnung „**Roman**" kennzeichnet *Die Vermessung der Welt* als **fiktionale Erzählung**. Für Kehlmann hat dieses Wort auf dem Titelblatt einen „Pakt zwischen Erzähler und Leser" zur Folge, „der besagt, dass der Leser alles hinnehmen und nichts glauben wird" (DseS, S. 27). Es ist also **keine „historische" Doppelbiografie**.

Bei einem Mexiko-Aufenthalt Ende 2002 kam Kehlmann in Kontakt mit dem **historischen Stoff**, den er in den Folgejahren in seinem Roman verarbeitete (vgl. das Kapitel „Zur Entstehung des Romans" in dieser Interpretationshilfe). Das grundsätzliche Problem, das sich bei historischen Romanen stellt, verdeutlicht Kehlmann, indem er auf folgenden Rat eines Dozenten in einem Einführungsproseminar verweist: „Historische Romane [...] sollten wir Germanisten besser meiden, sie seien unzuverlässig und trivial." (CM, S. 11) Das abwertende Adjektiv „**unzuverlässig**" bezieht sich auf das Problem, dass sich die Handlung historischer Romane nicht zwingend an historische Fakten hält. Die Reflexion über das Verhältnis von Geschichte und Dichtung hat – vor allem in der Dramentheorie – eine jahrtausendelange Tradition:

Bereits **Aristoteles** (384–322 v. Chr.) vertrat in seiner Poetik die Auffassung, dass der Dichter nicht das darzustellen hat, „was wirklich geschehen ist", sondern das, „was hätte geschehen können, d. h., was nach Wahrscheinlichkeit oder Notwendigkeit möglich ist."[10] Bei **Lessing** (1729–1781) darf der Dichter in „allem, was die Charaktere nicht betrifft", von der historischen Wahrheit abweichen: „Nur die Charaktere sind ihm heilig; diese zu verstärken, diese in ihrem besten Lichte zu zeigen, ist alles, was er von dem Seinigen dabei hinzutun darf [...]."[11] **Schiller** (1759–1805) weitet die Rechte des Dichters gegenüber dem zu bearbeitenden historischen Stoff aus, da für ihn „der tragische Dichter, so wie überhaupt jeder Dichter, nur unter dem Gesetz der poetischen Wahrheit steht". Für Schiller kommt der Literatur die „Macht, ja Verbindlichkeit" zu, „die historische Wahrheit den Gesetzen der Dichtkunst unterzuordnen und den gegebenen Stoff nach ihrem Bedürfnisse zu bearbeiten."[12] So muss Schillers *Jungfrau von Orleans* auch nicht auf dem Scheiterhaufen enden. **Kehlmanns** Überlegungen stehen mit Schillers Auffassung in einer Linie:

> *Natürlich ist Schillers Wallenstein nicht der historische Wallenstein, aber er ist auch nicht irgendeine Figur, die mit Wallenstein nichts außer dem Namen gemeinsam hat. [...] Der historische Mensch selbst ist gewissermaßen ein Magnet, und um ihn herum ist ein Feld, in dem man sich erfindend bewegt. Kommt man der ursprünglichen Gestalt zu nahe, dann schreibt man einfach eine Biographie, und das ist nicht der Sinn der Sache. Entfernt man sich aber so weit, daß die Kraft ihres Feldes verloren ist, so hat man das künstlerische Recht verloren, diese Namen zu verwenden, und man unternimmt etwas ganz Sinnloses.*
> (DseS, S. 26)

Kehlmann hat zu Beginn seiner Arbeit zu den historischen Persönlichkeiten Humboldt und Gauß recherchiert, dann aber Fakten ausgewählt und teilweise zugunsten seiner Geschichte verändert: „Erzählen, das bedeutet, einen Bogen spannen, wo zunächst keiner ist, den Entwicklungen **Struktur und Folgerichtigkeit** gerade dort verleihen, wo die Wirklichkeit nichts davon bietet [...]." (CM, S. 14) Diese Überlegungen stehen durchaus dem nahe, was Aristoteles „Wahrscheinlichkeit oder Notwendigkeit" nennt, Kehlmann selbst bezeichnet es als **„Plausibilität"** (RfeH, S. 75). Ein Beispiel für die Abweichungen von der Historie schildert er in seinem Essay *Wo ist Carlos Montúfar?* Die historische Person Carlos Montúfar musste in Kehlmanns Roman zugunsten des Zweierverhältnisses Humboldt/Bonpland wegfallen.

Kehlmann rechtfertigt sein Vorgehen damit, dass es einen „Unterschied zwischen dem bloß **faktisch Richtigen** und dem **Wahren**" (CM, S. 18) gebe. Wenn der historische Humboldt seine Berichte verfasste, ließ er dabei einiges unerwähnt. So kann Kehlmanns **Fiktion**, z. B. bei der Schilderung der Besteigung des Chimborazo, der „**Wahrheit**" näher kommen als Humboldts authentischer Bericht „im souverän-kühlen Ton". Die im Buch dargestellte „Verwirrung und taumelnde[] Ziellosigkeit" deckt sich mit Erfahrungsberichten von Hochgebirgsalpinisten (CM, S. 20).

Von einer mehr **ethischen Perspektive** auf die Frage, inwieweit der Dichter verändernd in den historischen Stoff eingreifen darf, zeugt indessen Daniel Kehlmanns Überlegung, dass es die „zeitliche Entfernung" ist, „und nur sie, die die Persönlichkeitsrechte aufhebt und es erlaubt, Menschen, die gelebt haben, neu zu erfinden" (CM, S. 25).

Die durch die Neuherausgabe von Humboldts Werken 2004 und das daran anschließende Medienecho bedingte Krise bei der Vollendung des Romans (vgl. *Interpretationshilfe,* S. 9) steht mit der **Differenz zwischen Fiktion und Wirklichkeit** in engem Zusammenhang:

> *Es war eine Konfrontation von Erfindung und Wirklichkeit, wie man sie nicht oft erlebt. Eine Figur, die ich mir im Lauf der Arbeit so intensiv angeeignet hatte, daß mir war, als hätte ich sie erfunden, wurde auf das lauteste von der Außenwelt zurückreklamiert.* (CM, S. 23)

Doch Kehlmann hat diese Krise überstehen können, da er zum einen beinahe fertig war und zum anderen stets eine gewisse **Distanz zu den Figuren und der Romanhandlung** gewahrt hat.

Ein Mittel, mit dem Kehlmann Distanz schafft, ist die **selbstreflexive und -ironische Ebene** seines Romans, die sein Wissen um das schwierige Verhältnis von Fiktion und Wirklichkeit innerliterarisch bezeugt. Bereits zu Beginn beschwert sich Gauß darüber, dass „jeder Dummkopf in zweihundert Jahren sich über ihn lustig machen und absurden Unsinn über seine Person erfinden könne“ und er zum „Clown der Zukunft“ (S. 9) werden könne. Und gegen Ende des Romans hat Gauß das Gefühl, er sei „wie eine nicht ganz gelungene Erfindung“, „wie die Kopie eines ungleich wirklicheren Menschen, von einem schwachen Erfinder in ein seltsam zweitklassiges Universum gestellt“ (S. 282). Kehlmann selbst löst diese Stelle auf: „Der zweitklassige Schöpfer, das bin natürlich ich, das zweitklassige Universum ist mein Buch. Und das Original zur Kopie, das ist der reale Mensch Gauß, die geschichtliche Figur.“ (RfeH, S. 29)

Auch über die **Gattung des Romans** wird innerhalb des Romans (ironisch) reflektiert:

> *Das Romanschreiben, sagte Humboldt, erscheine ihm als Königsweg, um das Flüchtigste der Gegenwart für die Zukunft festzuhalten. [...] Somit sei es ein albernes Unterfangen, wenn ein Autor, wie es jetzt Mode werde, eine schon entrückte Vergangenheit zum Schauplatz wähle.* (S. 27)

Einig sind sich Gauß und Humboldt im Roman über die Aufgabe des Künstlers: „das Vorzeigen dessen, was sei.“ (S. 221) Beide verabscheuen „Romane, die sich in Lügenmärchen verlören, weil der Verfasser seine Flausen an die Namen geschichtlicher Personen binde.“ (S. 221) Humboldt schlägt deshalb vor, „Listen der Eigenschaften wichtiger Persönlichkeiten anzulegen“ (S. 221 f.), von denen Autoren nicht abweichen dürften. Doch wie die Fotografie die Bildenden Künste nicht ersetzen wird, wie Humboldt es im Roman vermutet, kann auch die Geschichtsschreibung nicht die Literatur ersetzen.

Kehlmann selbst bezeichnet sein Werk u. a. als **„experimentellen Roman“**. Es soll in der Vergangenheit spielen, „aber auf der künstlerischen Höhe der Zeit“ (NICKEL, S. 32, FAZ-Interview), also der Gegenwart sein. Eine Lösung des Problems sah er darin, wie ein Historiker Distanz zum Dargestellten und zu den Figuren zu wahren: „das Experiment müsste eben darin liegen, ein Buch zu schreiben, das beginnt wie ein Sachbuch. Deshalb gibt es auch in der ersten Zeile des Romans eine Jahreszahl – und dann nie wieder." Die **sprachlichen Mittel** des Historikers, z. B. den Sachstil oder die indirekte Rede (siehe Kapitel 4), behält Kehlmann in seinem Roman bei, **inhaltlich** erfolgt aber rasch ein Bruch, wenn offensichtlich „Erfundenes" erzählt wird. Kehlmann vergleicht diese Art zu schreiben mit der eines Historikers, der „plötzlich verrückt geworden" sei (NICKEL, S. 33, FAZ-Interview). Der Autor experimentiert hier inhaltlich und formal mit dem, was man unter einem **historischen Roman** versteht. Er selbst spricht in seinen Poetikvorlesungen deshalb von einem „**gebrochenen Realismus der Gattung**": „Das Buch gibt sich als ernsthaftes Geschichtswerk und ist das Gegenteil davon." (DseS, S. 22)

Auf inhaltlicher Ebene benutzt er zur Kennzeichnung seines Romans auch den Begriff „**magischer Realismus**" (DseS, S. 22), unter dem er Dinge und Situationen im Roman zusammenfasst, die rational nicht erklärbar sind. Hier orientiert er sich an Vorbildern der südamerikanischen Romanliteratur. Es hat ihn fasziniert, wenn diese Autoren „nicht die Regeln der Syntax", „sondern die der Wirklichkeit" (DseS, S. 15) brechen.

Selbst die **Erzählhaltung** scheint gebrochen: Einerseits hat der Erzähler **auktoriale Züge**, da er mit Vorausschau (z. B. S. 174: „Bis zum Ende seines Lebens, mittellos und gefangen in der Einsamkeit Paraguays, konnte er sich die Bilder bis ins kleinste zurückrufen.") und Rückblenden arbeitet (vgl. die Binnenkapitel 2–10). Andererseits wird die Handlung aber nur protokolliert (Erzählerbericht) und nicht (direkt) kommentiert. Wie beim **personalen Erzählen** wird der Leser so zum Mitdenken aufgefordert. Die Rolle des Erzählers als „verrückt gewordener Historiker“ legt ihn dabei auf die Verwendung der **3. Person** fest. Doch die vorgegebene Distanz zu Figuren und Stoff kann nicht darüber hinwegtäuschen, wie nah der Autor seinen Figuren ist.

Daniel Kehlmann zieht es vor, bei *Die Vermessung der Welt* nicht von einem historischen Roman, sondern von einem „Gegenwartsroman, der in der Vergangenheit spielt“ (NICKEL, S. 32, FAZ-Interview), zu sprechen. Deshalb versucht er die „Trivial-Fallen“ (NICKEL, S. 32, FAZ-Interview) des historischen Romans zu meiden und macht neben dem Form- auch ein Sprachexperiment, das sich vor allem auch durch einen ironischen Erzählstil auszeichnet.

4 Erzählstil und sprachliche Gestaltung

„Daniel Kehlmann hat den **komischsten deutschen Roman** dieses Jahres geschrieben“, konnte man am 24. September 2005 in der Süddeutschen Zeitung lesen. Tatsächlich wird die „**Grundironie**“ des Romans durch die Diskrepanz von Form und Inhalt (vgl. *Interpretationshilfe,* Kapitel 3, und DseS, S. 40) begleitet von einem **komischen Erzählton**, der bereits im zweiten Satz spürbar wird: „Selbstverständlich wollte er nicht dorthin.“ (S. 7) Diese Aussage hat deshalb einen komischen Effekt, weil die subjektive Ablehnung von Gauß der Lesererwartung zuwiderläuft, nach der „der größte Mathematiker des Landes“ (S. 7) ohne Frage am Deutschen Naturforscherkongress teilnehmen möchte. Verstärkt wird die Komik durch das Adverb „selbstverständlich“. Diese Stimmung bleibt durch die Schilderung von Gauß’ Verhalten bestehen und wird zur **Situationskomik**: „Nun also versteckte sich Professor Gauß im Bett.“ (S. 7) Professoren-Titel und Verhalten bilden einen **Kontrast**, der durch den sich anschließenden, völlig unmotivierten Wutanfall noch verstärkt wird. Die von Kleinschmidt stammende und von Kehlmann akzeptierte Bezeichnung als „**Komödie der Genialität**“ (RfeH, S. 33) zeigt, dass es einen engen Zusammenhang zwischen der Komik und dem Thema des Romans gibt: Er handelt von zwei Genies in einer als Klassik bezeichneten Epoche, zeigt aber oft – besonders bei Gauß – unangemessenes Verhalten. Der Roman folgt dabei häufig einem **anekdotenhaften Erzählen**, das die Figuren in exemplarischen Situationen zeigt.

Folgende Beispiele verdeutlichen den **ironisch-komischen Grundton** des Romans:

Komik	
oft kombiniert mit Gestik:	„Ein Lebenswerk, sagte Bartels. Gauß nickte. Mit etwas Glück werde er in fünf Jahren fertig sein.“ (S. 86) „Eugen schlug vor, sofort weiterzufahren. Gauß nickte und aß schweigend den Rest der Suppe.“ (S. 12)
auch auf ernste Themen bezogen:	„So viel Zivilisation und so viel Grausamkeit, sagte Humboldt. Was für eine Paarung! Gleichsam der Gegensatz zu allem, wofür Deutschland stehe.“ (S. 208)
Auch der Humor selbst wird zum Thema:	„Dieser traurige Mann habe gar nichts erforscht, sagte Humboldt. Ebensowenig erforsche ein Vogel die Luft oder ein Fisch das Wasser. Oder ein Deutscher den Humor, sagte Bonpland.“ (S. 111)

Im letzten Beispiel wird die Komik noch dadurch verstärkt, dass Humboldt sich durch diesen harmlosen Scherz verletzt fühlt und zu einer Verteidigungsrede ausholt. Darin verweist er auf den Humor in Wielands Romanen, spricht von Gryphius’ Komödien, der für traurige Gedichte und Tragödien bekannt ist, oder stellt Herder als einen Mann des Scherzes dar – anstatt einfach selbst über Bonplands Witz zu lachen.

Ein anderer Grund für den großen Erfolg der *Vermessung der Welt* ist die **Verständlichkeit** von Kehlmanns Sprache. Durch den angestrebten **Sachstil** herrschen kürzere, meist parataktisch gebaute Sätze vor, d. h. es dominieren additiv aufeinanderfolgende Hauptsätze. Durch das Fehlen logischer Verknüpfungen, z. B. der Angabe von Gründen oder Folgen, erinnert die Darstellung des Geschehens häufig an eine **protokollarische Mitschrift**. Diese Gestaltung steht teilweise wiederum im Dienste der komischen Wirkung. Im folgenden Beispiel wird dadurch besonders deutlich, wie wenig die beiden Gesprächspartner aufeinander eingehen:

> *Ums Buffet tue es ihm leid, sagte Gauß.*
> *Das sei doch keine Art. Viele Leute seien eigens angereist. Das könne man nicht tun.*
> *Dieser Weber gefalle ihm, sagte Gauß. Aber lichtschluckender Äther. So ein Unsinn.* (S. 246)

Wie in einem Bericht verzichtet Kehlmann im kompletten Roman fast durchgängig auf die Verwendung wörtlicher Rede. Die stattdessen eingesetzte **indirekte Rede** ist das auffälligste sprachliche Merkmal und die Besonderheit dieses Romans. Sie ist Hauptträger dessen, was Kehlmann **„Pseudosachlichkeit des Tons“** (DseS, S. 41) nennt. Er spielt mit **Nähe** (**Roman**) **und Distanz** (**Bericht**). Doch da es sich nur um eine Pseudodistanz handelt, finden sich neben indirekter Rede auch Beispiele für **erlebte Rede**, mit der sich der Erzähler seiner Figur noch mehr annähert und deren Perspektive einnimmt, ohne das Erzählen in der 3. Person aufzugeben:

> *Ob er zögern würde? Wahrscheinlich. So etwas wußte man nicht, bevor man es wirklich versuchte. [...] Man hatte ihn in die Welt geschickt, mit einem Verstand, der fast alles Menschliche unmöglich machte, in eine Zeit, da jede Unternehmung noch schwer, anstrengend und schmutzig war. Man hatte sich über ihn lustig machen wollen.* (S. 98)

Die sprachliche Gestaltung nutzt Kehlmann auch für die **karikaturistische Zeichnung** seiner Figuren: Insbesondere bei der indirekten Rede bedient er sich zahlreicher Stilfiguren, um seine Figuren durch ihre Sprache zu charakterisieren.

Stilfiguren	Beispiel	Funktion
Akkumulation (= Aufzählung) + Parallelismus/ Anapher	„Ihr Braven, fuhr er nach einer langen Pause fort, ihr Jungen, ihr Kraftvollen, ihr müsst stärker werden." (S. 231)	Verdeutlichung der Emphase; komische Wirkung der Übertreibung
Parallelismus/Klimax	„Das Kind bete fürs Vaterland, der Jüngling schwärme, der Mann jedoch streite und leide." (S. 231)	komprimierte Verdeutlichung der Entwicklung hin zum Manne
Vergleich	„Wie dieses Bein sei, so müsse Deutschland werden!" (S. 231)	Veranschaulichung; komische Wirkung, da der Vergleich „hinkt"
Ellipse	„Aber lichtschluckender Äther. So ein Unsinn." (S. 246)	Verdeutlichung der „Entrüstung"
Metapher	„Blitzschlag der Vernunft" (S. 238)	Veranschaulichung
Parallelismus	„Deinetwegen wollte ich Minister werden, meinetwegen mußtest du auf den höchsten Berg und in die Höhlen, für Dich habe ich die beste Universität erfunden, für mich hast du Südamerika entdeckt, […]" (S. 266)	Verdeutlichung der Komplementarität der Brüder Alexander und Wilhelm

Der dem Roman oft zugeschriebene Unterhaltungswert verdankt sich hauptsächlich seiner mit sprachlichen Mitteln bewirkten Komik. Sie entsteht u. a. durch Kehlmanns Stil der **Verknappung**, der den Leser ständig zum eigenen Mitdenken auffordert und zugleich, zumindest vordergründig, die Ernsthaftigkeit mancher Themen abmildert.

5 Zentrale Themen und Motive

Ordnung, „Deutschsein" und Weimarer Klassik

Kehlmann sagt von sich selbst, dass „die beiden Strömungen", die ihn am meisten geprägt haben, der **„südamerikanische**[] **Roman** und die **deutsche Klassik**" (RfeH, S. 82) seien. Er begeistert sich für den „magischen Realismus" der südamerikanischen Literatur, der ihm ein neues Feld öffnet. In Deutschland sei „das Wirkliche so geordnet, daß wir in Planquadraten träumen" (DseS, S. 15). Repräsentant dieser **Ordnung** als Lebensphilosophie ist in *Die Vermessung der Welt* Alexander von **Humboldt**, der den Südamerikanern im Buch mehr als einmal verständnislos gegenübersteht – und umgekehrt. Bezeichnenderweise tragen die für die Reise auf dem Orinoko angeheuerten Ruderer Vornamen bekannter Schriftsteller dieses Sprachraums: Carlos (Fuentes), Gabriel (García Márquez), Mario (Vargas Llosa) und Julio (Cortázar). Bereits bei ihrer ersten Begegnung zeigen sich große Unterschiede, wie die Welt gesehen und erfasst wird:

> *Humboldt fragte, ob sie den Kanal zwischen Orinoko und Amazonas kennen würden. Natürlich, sagte der mit dem Zylinder. Er habe ihn schon befahren, sagte der mit dem Schmuck. Er auch, sagte der mit dem Zylinder. Aber es gebe ihn nicht. Alles ein Gerücht. Humboldt schwieg verwirrt.* (S. 105 f.)

Das Prinzip der Ordnung begleitet Humboldt von seiner Kindheit an bis ins hohe Alter. Sein Lehrer bringt ihm bei, „wann immer einen die Dinge erschreckten, sei es eine gute Idee, sie zu messen." (S. 22) Ordnung steht für ihn insofern in engem Zusammenhang mit **Kontrolle**. Das Vermessen der Welt wird ihm zum Selbstzweck. So misst er auch dort, wo es eigentlich gar nicht nötig ist, z. B. auf der Straße nach Madrid: „um die Straße gehe es nicht [...]. Es gehe ums Prinzip." (S. 42) Doch nicht nur die Außenwelt unter Kontrolle zu haben, ist Humboldt wichtig, er ist auch ein Meister der **Selbstkontrolle:**

Zum Glück, schrieb er in sein Tagebuch, sei er niemals seekrank. Dann mußte er sich übergeben. Auch das war eine Willensfrage! Mit äußerster Konzentration, und nur manchmal unterbrechend, um sich über die Reling zu beugen, schrieb er drei Seiten über das Gefühl des Aufbruchs […]. (S. 45; Hervorh. der Autorin)

Auch wenn ihm selbst leise Zweifel kommen, ob sich eine umfassende Ordnung herstellen lässt, so bleibt sie für ihn doch bis zum Schluss eine Notwendigkeit:

[…] er werde sie alle aufschreiben, ein ungeheures Werk voller Tatsachen, jede Tatsache der Welt, nur sie, der ganze Kosmos noch einmal, allerdings entkleidet von Irrtum, Phantasie, Traum und Nebel; Fakten und Zahlen, sagte er mit unsicherer Stimme, die könnten einen vielleicht retten. (S. 293)

Humboldt ist Kind der **Aufklärung** und Repräsentant der **Weimarer Klassik**. Goethe selbst lädt ihm das ganze abendländische Erbe auf die Schultern, indem er auf die „Gipsabgüsse[] römischer Statuen“ und die führenden Köpfe in seinem Salon verweist: Wilhelm von Humboldt, Wieland, Schiller. „Unser Botschafter bleiben sie auch über dem Meer.“ (S. 37) Humboldt ist ein geeigneter „Botschafter“: Er verfügt über eine gute Bildung und ist stets auf seine Haltung, sein Außenbild bedacht: Er legt auch in unpassenden Momenten seine Uniform an. Er zwingt sich sogar, in ihr zu schlafen, *weil* sie ihm unbequem ist.

Auch das **Humanitätsprinzip** versucht er in die neue Welt zu tragen, als er z. B. Sklaven freikauft, die mit ihrer Freiheit allerdings gar nichts anfangen können. Andererseits stellt er seine Forschungsziele über den Respekt vor anderen Kulturen und Traditionen, wenn er Indianerleichen zu wissenschaftlichen Zwecken ausgräbt und sogar nach Europa exportiert.

Genau wie sein Bruder bleibt er bis zum Schluss „**Klassiker aus schierer Willensanstrengung**“ (CM, S. 23). Er entspricht äußerlich dem Klischee des humorlosen Deutschen (vgl. S. 111), der keine Gefühle zulassen will: Selbst beim seltenen Naturschauspiel einer Sonnenfinsternis schaut er nicht zu, sondern sammelt Daten – „Müsse man immer so deutsch sein?“ (S. 80), fragt Bonpland deshalb. Kehlmann selbst versteht den Roman als

> *eine satirische, spielerische Auseinandersetzung mit dem, was es heißt, deutsch zu sein – und natürlich auch mit dem, was man, ganz unironisch, die große deutsche Kultur nennen kann. Für mich ist das eines der Hauptthemen des Romans, wie Andreas Maier so schön [. . .] geschrieben hat, ‚die große deutsche Geistesgeschichte, eine einzige Lebensuntauglichkeit'.*
> (NICKEL, S. 27 f., FAZ-Interview)

Gauß hält im Unterschied zu Humboldt nicht viel vom „Deutschsein“ und von den Idealen und Regeln seiner Zeit. Paradoxerweise kommt er dadurch in vielem dem auch von der Klassik propagierten Ideal der „Freiheit“ näher, als Humboldt das je gelingt. Er ist immer mehr eins mit sich selbst und dabei **politisch völlig uninteressiert**. So muss er es niemandem recht machen und will niemandem gefallen. Selbst Fürsten gegenüber hat er keinen wirklichen Respekt, er nutzt sie zwar als Geldquelle, sieht aber bereits ihren Untergang voraus. Er sympathisiert aber auch nicht mit den freiheitlichen Ideen, für die im Buch der Turnvater Jahn praktisch und Schiller theoretisch stehen – für diese begeistert sich sein Sohn Eugen und bezahlt es mit seiner Verbannung in das „Land der Freiheit“.

Für Gauß zählt nicht, als was jemand geboren ist, welcher politischen Partei er angehört, sondern was er leistet. So interessiert er sich für den französischen Kaiser Napoleon, dessen geistige Leistungen er anerkennt, da sie ihn beeindrucken (vgl. S. 152). Hier unterscheidet sich der Mann aus dem Volk, der sich aus eigener Kraft hocharbeiten muss, von dem gebürtigen Adligen. Für Gauß geht die Zeit der alten Gesellschaftsordnung zu Ende, in der Adlige eine Sonderposition einnehmen (vgl. S. 61).

Humboldt bleibt in seiner Orientierung an der **Klassik** eher *fremdbestimmt*, während Gauß eher die Ideen der **Aufklärung** verkörpert und sein Leben *selbstbestimmt* führt.

Altern, Vergänglichkeit und Tod

Kehlmanns Faszination für „das Thema des **Alterns**", das er sogar als ein „**Hauptthema** des Buches" (NICKEL, S. 28, FAZ-Interview) bezeichnet, lässt sich im Roman an vielen Stellen ablesen. Seine beiden Protagonisten leiden unter dem Prozess des Alterns. **Gauß** hat bereits als Kind Angst, seine Mutter zu verlieren. Seinen eigenen **Tod** sieht er anders. Bei seinem geplanten Selbstmord nennt er ihn „ein[en] neue[n] Schachzug im Spiel" (S. 98). Er hadert mit dem „Himmel", weil er ihn mit einer solchen Begabung in eine so unzulängliche Welt geschickt hat: „Man hatte sich über ihn lustig machen wollen." (S. 98) Verzichten will er „auf die Jahre in Mittelmäßigkeit, [...] Schmerzen an Leib und Seele, sowie das langsame Verkümmern aller Fähigkeiten bis hin zur Schwäche des Alters" (S. 98 f.).

Die erste Tote, die **Humboldt** sieht, ist seine Mutter, doch seine Reaktion überrascht: „Er war noch nie so glücklich gewesen." (S. 36) Ihr **Todeskampf** wird sehr realistisch geschildert, aber im Kontrast dazu werden Benimmregeln und Humanitätsideale der Zeit dargestellt, sodass an dieser Stelle eine Komik entsteht, die ihr den Ernst nimmt:

> *Wie es sich gehörte, ritt er auf dem schnellsten Pferd, das zu bekommen war. [...] und weil er wusste, was sich in solchen Fällen schickte, tat er, als wäre er außer Atem. [...] Humboldt kam es unbegreiflich vor, daß sie sich so ungesittet benehmen konnte. [...] Gegen Mitternacht wurden ihre Schreie so hemmungslos laut, [...] als durchlebte sie einen Höhepunkt der Lust. [...] als die Sonne in den Vormittagshimmel stieg, sah sie ihren Sohn an und sagte, er solle sich gerade halten, so zu lümmeln sei doch keine Art.* (S. 34 f.; Hervorh. der Autorin)

Viel leichter wird später seine Schwägerin sterben (vgl. S. 263), an deren Sterbebett er gemeinsam mit Wilhelm sitzt, der sich beim Tod der Mutter „wegen dringender Geschäfte in Weimar" (S. 35) hat entschuldigen lassen.

Während Gauß sich stets des **Verrinnens der Zeit** bewusst ist, macht Humboldt mit Hilfe des Drachenbaums Bekanntschaft mit der **Ewigkeit**: „Wie sie (seine Uhr) tickend die Zeit in sich trug, so wehrte dieser Baum die Zeit ab: eine Klippe, an der ihr Fluß sich brach. [...] Alles starb, alle Menschen, alle Tiere, immerzu. Nur einer nicht." (S. 47) Diese Begegnung rührt den sonst so beherrschten Humboldt.

Jegliche Pietät fehlt ihm dagegen beim Exhumieren der Indianerleichen, Wissenschaft geht ihm hier über die Achtung vor der fremden Kultur und vor ihrem Umgang mit dem Tod:

> *Diese Toten seien so alt, daß man sie eigentlich gar nicht mehr Leichen nennen könne. Die ganze Welt bestehe schließlich aus toten Körpern! Jede Handvoll Erde sei einmal ein Mensch gewesen und vorher ein anderer Mensch [...]. Was hätten sie nur alle, wo sei das Problem?* (S. 123)

Den Verlust seines Hundes kann er hingegen nicht so leicht verkraften, was wiederum komisch wirkt.

Gauß stellt schon früh **Symptome des Älterwerdens** am eigenen Leib fest:

> *Obwohl er gerade erst dreißig war, bemerkte er, daß seine Fähigkeit zur Konzentration nachließ und die Pausen, welche die Menschen vor ihren Antworten zu machen schienen, immer kürzer wurden. Er hatte weitere Zähne verloren.* (S. 155)

Intellektuell und physisch hat der Alterungsprozess also schon eingesetzt und dies scheint Gauß in eine „Midlife-Crisis" zu stürzen: „Er war sicher, daß er nicht alt werden würde. [...] Es [das zweite Kind] würde ohne ihn aufwachsen müssen, das stand fest." (S. 156)

Historisches Bild von A. v. Humboldt im Alter; letzte Darstellung

Humboldt lässt es erst später zu, an sich einen Alterungsprozess festzustellen. Es ist sein Begleiter Bonpland, der die ersten Anzeichen wahrnimmt, und zwar unmittelbar nach seinem Entschluss zur Rückkehr nach Europa: „Bonpland fiel auf, daß er zum ersten Mal **nicht mehr wie ein junger Mann aussah**." (S. 209) Humboldts Willen bleibt noch lange stärker als die Beeinträchtigungen durch das Alter: Die zunächst unter diesem Vorwand abgesagte Russland-Expedition (vgl. S. 218) tritt der gealterte Wissenschaftler schließlich doch an – und wie sehr ihm der Rücken auch schmerzt, er hält sich bis zum Schluss gerade (vgl. S. 291).

Gauß hingegen beklagt sich: „Wieso war er so alt geworden? Man ging nicht mehr gut, man sah nicht mehr richtig, und man dachte so langsam. Altern, das war nichts Tragisches. Es war lächerlich." (S. 245) Dieser Aspekt wird anhand der **Kant-Episode** deutlich dargestellt, die folgende Aussage Kehlmanns illustriert: „Das Alter ist das zunehmende **Chaos** im Leben." (NICKEL, S. 34, FAZ-Interview) Chaos ist Unordnung und die konnte Humboldt noch nie ertragen. Es ist bezeichnend, dass der Titel seines Hauptwerks das Gegenteil bedeutet: **„Kosmos"**. „Man müsse selbst so genau sein, daß einem die Unordnung nichts anhaben könne." (S. 129), sagt er bei der Bestimmung des einen Endpunkts des Orinoko-Kanals, und dieser Satz bleibt für ihn bis zuletzt gültig, wenn auch das Alter es ihm zunehmend erschwert, den Prinzipien Genauigkeit und Ordnung zu folgen.

Als Grund für Misserfolge lässt er sein Alter aber gelten: „Es sei das Alter, sagte Humboldt nach einer Weile. Früher habe er jeden überzeugen können. [...] Ihm habe niemand widerstanden." (S. 260); „Ein Planungsfehler, wie er ihm früher nicht unterlaufen wäre." (S. 268) Seine Russland-Expedition veranschaulicht lebenspraktisch seine These, die er selbst vor der Naturforschergesellschaft aufstellte. Der **Tod** ist für ihn

> *nicht erst das Verlöschen und die Sekunden des Übergangs, sondern schon das lange Nachlassen davor, jene sich über Jahre dehnende Erschlaffung; die Zeit, in der ein Mensch noch da ist und zugleich nicht mehr und in der er, ist auch seine Größe lange dahin, noch vorgeben kann, es gäbe ihn.* (S. 263)

Unklar bleibt jedoch, warum er diesen traurigen Prozess als „umsichtig" (S. 263) von der Natur eingerichtet bezeichnet – vielleicht versteht er ihn als Vorbereitung auf den später folgenden Tod, vielleicht würdigt er aber auch die Kraft der Psyche, in dieser Zeit die eigene Existenz noch vorgeben zu können.

Wie der Autor selbst erklärte, wird bei beiden Hauptfiguren der „Tod [...] metaphorisch vorweggenommen. Bei Humboldt durch das Debakel der Sibirienreise" (RfeH, S. 38), bei Gauß durch den Zukunftstraum. Humboldt bleibt dabei der Vergangenheit verhaftet, da er weiterhin nach seiner „alten Methode" (S. 275) arbeitet, Gauß hingegen blickt nach vorne. So ist es auch sein Sohn Eugen, der die Geschichte weiterführt und damit die These Kehlmanns illustriert, „daß alle Menschen über die Jahre hinweg ihren Eltern immer ähnlicher werden, ob sie wollen oder nicht – und normalerweise wollen sie es ja überhaupt nicht" (NICKEL, S. 28, FAZ-Interview). Der **Kreislauf des Lebens** tröstet über das Ende des Einzelnen hinweg – wenn auch nicht ganz darüber, dass selbst das Lebenswerk von Genies von der Zeit überholt wird: Gauß wird gar von Bartels „überflügelt" (S. 290), und „die Zeit der großen Navigatoren", von denen Humboldt einer war, ist ebenfalls „vorüber" (S. 299).

Genialität und Wissenschaft

Kehlmann hat sich für sein Werk zwei Hauptfiguren ausgesucht, die, jede auf ihre Weise, als **Genies** gelten können. In Kehlmanns Roman muss Humboldt sich im Unterschied zu Gauß seine **Bildung** erwerben, seine außergewöhnliche Leistung beruht hauptsächlich auf seinem **Willen**, die Welt zu erfassen. Gauß hingegen wurde eine außergewöhnliche mathematische **Begabung** mit in die Wiege gelegt. Und dieses Besondere, das Anderssein, macht sein Leben nicht immer leichter:

> *Warum er traurig war? Vielleicht, weil er sah, wie seine Mutter starb. Weil die Welt sich so enttäuschend ausnahm, sobald man erkannte, wie dünn ihr Gewebe war, wie grob gestrickt die Illusion, wie laienhaft vernäht ihre Rückseite. [...] Erkennen [...] war Verzweiflung.* (S. 59)

Erst am Ende seines Lebens hat der milder gewordene Gauß eine größere Gelassenheit diesem Thema gegenüber und zieht ein **positiveres Lebensfazit** (das auch das von Humboldt sein kann, da die Textstelle beiden zugeordnet ist – Humboldt denkt, was Gauß ihm gesagt *hätte*): „Hat es nicht etwas Beschämendes, wie leicht uns alles fiel? Und was jetzt geschieht, ist nur, was einmal geschehen mußte: Unser Erfinder hat genug von uns." (S. 292) Ein Grund dafür ist, dass Gauß' Überlegenheit anderen Menschen gegenüber im Alter nicht mehr so groß ist.

Genialität macht auch **einsam**. So kann Gauß seine – vermutlich normal begabten – Studenten nicht ernst nehmen:

> *Von allen Menschen [...] waren seine Studenten die dümmsten. [...] Er [...] zeigte auf seinen Mund und formulierte die Laute überdeutlich, als hätte er es mit Taubstummen zu tun.* (S. 154)

Kaum zu glauben, dass dieser Mann eine Frau gefunden hat, die er wirklich liebt. Auch Gauß kommt es „wie ein Rechenfehler, wie ein Irrtum" (S. 148) vor. „Und es gefiel ihm, daß es Dinge gab, **die er nicht begriff**." (S. 147)

Humboldt entscheidet sich aktiv für die **Wissenschaft**: einmal nach seinem Unfall im Eis (vgl. *Interpretationshilfe,* S. 31), zum zweiten Mal, als er festlegt, womit er sich beschäftigen will: „Mit dem Leben." (S. 26), ein drittes Mal, als er Goethe mitteilt, „er werde in die Neue Welt reisen, [...]. Niemand werde ihn abhalten, und er rechne nicht damit, lebend zurückzukehren" (S. 36). Er wird sich dort mit der äußeren Erscheinung der Welt beschäftigen und Daten und Fakten sammeln. So wird er der letzte große Wissenschaftler, der als Entdecker nach der **alten Methode** gelten kann, die bei der Russland-Expedition bereits überholt sein wird. Deshalb meint Wolodin bei Humboldts Vermessung der Wolga mit dem Sextanten „eine Reise in die Zeit" zu erleben und fühlt sich „in ein **Geschichtsbuch** versetzt, so erhaben sei es. [...] Doch müsse er zugeben, angesichts einer so alten Methode ein ziemlich gutes Ergebnis." (S. 275)

„Bei Nischnij Nowgorod bestimmte er mit dem Sextanten die Breite der Wolga." (S. 275)

Im Gegensatz dazu begründet Gauß den Typus des **modernen Wissenschaftlers**, wie sich u. a. an seiner Infragestellung der euklidischen Raumvorstellungen (vgl. S. 95 f.) zeigt. Der Roman spielt an einem Wendepunkt. Beide Wissenschaftler sind an der *Vermessung der Welt* maßgeblich beteiligt, vertreten aber gegensätzliche Auffassungen, wie der Wortwechsel im Anschluss an Gauß' These „Die wahren Tyrannen seien die Naturgesetze." zeigt: „Aber der Verstand, sagte Humboldt, forme die Gesetze! / Der alte kantische Unsinn. Gauß schüttelte den Kopf. Der Verstand forme gar nichts und verstehe wenig." (S. 220)

Während Gauß es hasst, durch die Lande zu ziehen, um Messergebnisse zu sammeln, ist dies **Humboldts Lebensinhalt**:

> *Projekte, schnaubte Gauß. Gerede, Pläne, Intrigen. Palaver mit zehn Fürsten und hundert Akademien [...]. Das sei nicht Wissenschaft. Ach, rief Humboldt, was sei Wissenschaft denn dann? Gauß sog an seiner Pfeife. Ein Mann allein am Schreibtisch. Ein Blatt Papier vor sich, allenfalls noch ein Fernrohr, vor dem Fenster der klare Himmel. Wenn dieser Mann nicht aufgebe, bevor er verstehe. Das sei vielleicht Wissenschaft. Und wenn dieser Mann sich auf Reisen mache? Gauß zuckte die Schultern. Was sich in der Ferne verstecke, in Löchern, Vulkanen oder Bergwerken, sei Zufall und unwichtig. Die Welt werde so nicht klarer.* (S. 247)

Deutlich wird dieser Unterschied, als beide das magnetische Erdfeld erforschen. Während Humboldt darum bemüht ist, möglichst viele Messstationen einzurichten, ist Gauß überzeugt, die „Unruhe im Herzen der Natur" mit Hilfe *eines* Aufbaus zu verstehen: „Wer diese Nadel beobachtete, sah ins Innere der Welt." (S. 272) Gauß betont gegenüber Humboldt außerdem, dass man beim Sammeln von Messergebnissen nicht stehen bleiben dürfe, sondern dass man „auch denken" (S. 224) müsse – und das heißt für ihn, allgemeingültige Formeln abzuleiten, die die komplexe Welt verstehbar machen. Insofern ist er ein Verfechter der **Abstraktion**. Allerdings stellt er bei seinen Forschungen auch fest, dass Humboldts Anfangsvermutung zutrifft.

Mit fortschreitendem Alter nähern sich die beiden Wissenschaftler aber auch einander an: Humboldt, der Gauß einmal bedauerte, da er „nie etwas von der Welt gesehen" (S. 276) habe, stellt schließlich anerkennend fest, dass Gauß die Bahnen der Himmelskörper in „einfache Formeln fassen konnte, sodass er auf einmal nicht mehr sagen könne[], wer von ihnen weit herumgekommen war und wer immer zu Hause geblieben" (S. 292). Humboldt empfindet auf seiner Russlandreise selbst, dass bei den Empfängen „Gerede und Geschwätz" vorherrschen,

„keine Wissenschaft" (S. 290) – er beginnt hier Gauß' vehemente Abneigung gegen öffentliche Anlässe nachvollziehen zu können. Auch von seinem früheren wissenschaftlichen Forschungsoptimismus nimmt Humboldt nun Abstand: „Die Dinge sind, wie sie sind, und wenn wir sie erkennen, sind sie genauso, wie wenn es andere tun oder keiner. [...] der Forscher sei kein Schöpfer, er erfinde nichts, er gewinne kein Land [...]." (S. 291) Wie anders hat das noch bei der **Vermessung** des Orinoko-Kanals geklungen: „Jetzt erst [nach der Entdeckung], sagte er, existiere der Kanal wirklich." (S. 136) Bei Gauß nimmt diese Bewertung den umgekehrten Weg: „Manchmal war es ihm, als hätte er den Landstrich nicht bloß vermessen, sondern erfunden, als wäre er erst durch ihn Wirklichkeit geworden." (S. 268) Doch führt dies nicht zu einer fundamentalen Veränderung in den Perspektiven der Figuren: Gauß schaut aus „Gewohnheit" (S. 292) weiter durch sein Fernrohr, Humboldt will die Ergebnisse der Russland-Expedition in seinem Werk „Kosmos" niederschreiben.

Trotz ihrer Annäherung bleiben die Figuren aber jeweils ihrem Wissenschaftsverständnis treu. Dass Humboldt die Bedeutung seiner Reisen zugunsten der astronomischen Erkenntnisse von Gauß relativiert, lässt sich dabei als Aufwertung des Gauß'schen Verständnisses lesen. Zwar erscheinen die Protagonisten durchaus „als historische Figuren auf der Schwelle der Gegenwart" (NICKEL, S. 182, Marx), allerdings verabschieden sich nicht beide „von der Vorstellung einer eindeutigen Vermessbarkeit der Welt" (ebd.), wie Marx meint. Dies bleibt Gauß vorbehalten.

Hinsichtlich des Wissenschaftsverständnisses dürfte Kehlmann eher auf der Seite seiner Figur Gauß stehen – denn folgender Satz Kehlmanns geht fast wörtlich in eine ihrer Aussagen ein (vgl. S. 220): „Wir können die Welt vielleicht berechnen, aber nicht wirklich verstehen." (NICKEL, S. 39, SPIEGEL-Interview) Neben der wissenschaftlichen Weltsicht gibt es deshalb noch eine zweite im Roman, die mit ihr konkurriert: den Aberglauben.

Aufklärung und Aberglaube

Immanuel Kant (1724–1804), wichtigster Repräsentant der Aufklärung in Deutschland

Humboldt und Gauß, so verschieden sie sind, sind beide geprägt von den **Ideen der Aufklärung**. Der für Deutschland wichtigste Repräsentant dieser Epoche kommt im Roman vor, aber nicht gut weg: **Kant** ist im Alter senil geworden. Dennoch prägen seine Ideen die Protagonisten und große Teile der Gesellschaft, vor allem in Deutschland bzw. in Europa. Der Mensch als **geistiges, vernunftbegabtes Wesen** steht im Mittelpunkt des neuen Weltbildes. Das **Individuum** ist aufgerufen, ein **selbstbestimmtes** Leben zu führen. Auf Glauben basierende Ideen und Strukturen werden kritisch hinterfragt, die Wissenschaften erleben einen **Aufschwung**. In diesem Geiste wird Humboldt erzogen, unter diesem Einfluss erhält Gauß seine Förderung zunächst durch seinen Lehrer, dann durch den Landesherrn. Beider Leben wird bestimmt durch eine **rationale Weltsicht**, auch wenn das Verständnis von dem, was Wissenschaft ist, besonders anfangs stark differiert.

Vor allem Humboldt begegnen immer wieder Dinge, die sich nicht in dieses vernunftdominierte Weltbild einordnen lassen: Dies beginnt mit dem Spuk im heimatlichen Schloss (vgl. S. 21), später begegnen ihm ein Seeungeheuer (vgl. S. 45), seine tote Mutter (vgl. S. 74), eine Art UFO (vgl. S. 135) – und jedes Mal geht Humboldt auf die gleiche Weise damit um: Er ignoriert diese Dinge. So ist auch die Kommunikation mit seinen südamerikanischen Ruderern häufig schwierig für ihn, da diese ein völlig anderes Weltbild haben, in dem solche Phänomene wie „Zwerghunde mit Flügeln" und „sprechende Fische" (S. 107) ganz selbstverständlich ihren Platz haben. Der Europäer bezeichnet dies als **Aberglauben**, d. h. er glaubt nicht an sie, da die Phänomene einem vernünftigen Weltbild widersprechen. Humboldt ist so sehr von seinem Weltbild überzeugt, dass er es gelegentlich sogar über sein eigentliches Wissenschaftsverständnis stellt:

> *Menschen flögen nicht, sagte Humboldt. Selbst wenn er es sähe, würde er es nicht glauben.*
> *Und das sei dann Wissenschaft?*
> *Ja, sagte Humboldt, genau das sei Wissenschaft.* (S. 138)

Auch Gauß ist für Metaphysisches nicht empfänglich. Bei seiner Begegnung mit dem Grafen von der Ohe zur Ohe blendet Gauß alles aus, was einen Menschen von seinem Verstand zum Nachdenken bringen könnte. Mal wirkt der Graf einfältig, dann allwissend. Er weiß auch, dass Gauß bei seinen Selbstmordvorbereitungen plante, nach seinem Tod Gott ein paar unangenehme Fragen zu stellen. Doch Gauß **zieht** daraus **keine Schlussfolgerung** – der Graf als Personifizierung Gottes? – und findet einen Ausweg darin, den Grafen kurzerhand für verrückt zu erklären (vgl. S. 190). So kann auch er an seinem **rationalen Weltbild** festhalten.

Auch in Berlin kommen die beiden nochmals mit übernatürlichen Phänomenen in Kontakt, als sie Vogt bei einer Séance suchen. Humboldt kann die Vorgänge kaum ertragen, prompt meldet sich auch seine tote Mutter wieder, was Humboldt wiederum ignoriert – nur sein Gesicht, das „blaß" und „maskenhaft starr" (S. 256) ist, verrät seine Betroffenheit. Gauß hingegen bezeichnet die Vorgänge als „ganz lustig" (S. 255), nimmt sie also nicht ernst. Doch am Ende des Buches zeigt keiner von beiden auch nur einen Hauch von Verwunderung, als sie in telepathischen Kontakt treten.

Gauß hat schon immer bemerkt, dass die Welt nicht bis ins Letzte mathematisch zu verstehen ist (vgl. S. 220). Lüdke kommentiert folgendermaßen: „Der Mensch, der die Natur *vermessen* will, bleibt eben immer auch Teil der Natur. *Vermessen* – auch der Begriff bleibt ebenso doppelsinnig wie das, was man *vermisst.*" Auch wenn Humboldt nicht Gauß' Skepsis gegenüber der Vermessbarkeit teilt, so relativiert er doch mit seiner Einsicht, dass „der Forscher [...] kein Schöpfer" (S. 291) sei, seine Hoffnung, durch die Wissenschaft „ein **Zeitalter der Wohlfahrt** herbeiführen" (S. 238) zu können. Aus der heutigen Perspektive muss diese Relativierung noch sehr viel deutlicher ausfallen: „Von der *Steinschleuder zur Megabombe* führe ein gerader Weg, meinte dazu Adorno, nicht aber vom *Wilden zur Humanität.*" (LÜDKE)

Kehlmann betrachtet das Verhältnis von **Wissenschaft** und **Aberglauben bzw. Glauben** aus zwei Perspektiven: Bedenklich sei es,

> *wenn die Religion der Naturwissenschaft Vorschriften macht, wenn etwa die US-Regierung aus religiösen Gründen die Stammzellenforschung stark einschränkt; oder wenn, auf der anderen Seite, Naturwissenschaftler helfen, schreckliche Waffen zu entwickeln oder mit Menschen zu experimentieren, und das ganz moralfrei betrachten.* (NICKEL, S. 40 f., SPIEGEL-Interview)

Hier liegt die **Aktualität** des Buches. Dies sind die Fragen, die sich seit dem Aufkommen der Wissenschaften immer wieder und immer drängender stellen.

Kehlmann zufolge impliziert Erkennen auch immer schon Veränderung, man könne aber auch nicht einfach stehen bleiben, er wolle keinen Antimodernismus. Einiges an Schönheit und Poesie ginge durch Fortschritt verloren, doch wir gewännen auch – Fortschritt müsse dennoch sein.[13] Demnach steht jede Gesellschaft vor der Aufgabe, einen Weg zu finden, mit dem Fortschritt umzugehen.

6 Interpretation von Schlüsselstellen

Zur unmittelbaren Vorbereitung auf die schulische Interpretationsarbeit – gerade auch in Prüfungen – werden im Folgenden drei Textstellen vertiefend betrachtet. Die erste beschließt das Kapitel „Die Zahlen" (S. 98 f.) und erlaubt eine umfassende Charakterisierung der Figur **Gauß**, dessen weiterer Lebensweg sich hier entscheidet. Die zweite ist dem Kapitel „Die Hauptstadt" (S. 207–209) entnommen und ermöglicht eine Annäherung an **Humboldt**, der sich hier ebenfalls an einem Wendepunkt befindet: Er fasst den Entschluss zur Rückreise nach Europa. In der letzten Textstelle aus dem Kapitel „Die Steppe" (S. 292 f.) treten **beide Figuren** auf, sie bildet den Schluss der Kernhandlung und enthält ein Lebensfazit der beiden Wissenschaftler.

Am Scheideweg (S. 98 f.)

(„Zurück in Braunschweig schrieb er [...] daß er eine Zusage gelesen hatte.")

Der Romanausschnitt zeigt Gauß an einem Scheideweg, da er in dem Fall, dass Johanna seinen Heiratsantrag ablehnt, Suizid begehen will.

Gauß ist eben von der Reise nach Königsberg zurückgekehrt. Obwohl er das Reisen verabscheut, hat er diese Strapaze auf sich genommen: Es war ihm sehr wichtig, mit **Kant** über seine Erkenntnis zu sprechen, dass die euklidischen Raum- und Geometrievorstellungen nicht mit der Realität übereinstimmen. Doch die Reise endet in einer **großen Enttäuschung**, da das Genie Kant bereits dement ist und ein sinnvolles Gespräch mit ihm nicht mehr möglich ist. Unter dem Eindruck dieser Enttäuschung denkt Gauß darüber nach, was sein weiteres Leben ihm noch bringen mag. Er ist davon überzeugt, dass er, mit nicht einmal Mitte zwanzig, seine größte **wissenschaftliche Leistung** bereits abgeliefert hat. Etwas anderes muss seinem Leben nun einen Sinn geben. Deshalb beschließt er, Johanna einen zweiten **Heiratsantrag** zu machen. Er macht sich keine großen Hoffnungen, schließlich hat sie den ersten bereits abgelehnt. So trifft er, noch bevor er den Brief per Boten losgeschickt hat, bereits Vorkehrungen für den Fall einer Absage: Er stellt sich ein Fläschchen mit Curare (das Alexander von Humboldt aus Südamerika nach Europa geschickt hat) bereit und ist entschlossen, **seinem Leben** damit **ein Ende zu setzen**, wenn sein Antrag wieder abgelehnt wird. Nicht einmal die enge Beziehung zu seiner Mutter kann ihn davon abhalten, er hofft lediglich, dass man es ihr als natürlichen Tod, als „Gottes Wille", darstellen wird.

Durch **erlebte Rede** („Ob er zögern würde?" bis „Nein!") erhält der Leser Einblick in die Überlegungen, die Gauß während der Wartezeit – die Giftflasche ist bereits geöffnet – anstellt. Der Wissenschaftler zieht hier **Bilanz** und blickt in die **Zukunft**:

Bis hierher war die **wissenschaftliche Arbeit** sein **Antriebsmotor**. Diesbezüglich ist er sich sicher, den Höhepunkt überschritten zu haben. Im Gegenteil, sein überdurchschnittlicher Verstand scheint ihm nun dabei im Wege zu stehen, ein „normales" Leben zu führen: Johanna hat den ersten Antrag mit der Begründung abgelehnt, dass er andere Menschen so überrage, dass man an seiner Seite nicht glücklich werden könne und „zur Blässe und Halbwirklichkeit eines Gespensterdaseins verurteilt sei" (S. 93).

Hinzu kommt, dass es einem Menschen mit seinen geistigen Fähigkeiten besonders schwer fällt, das Leben in einer Welt zu akzeptieren, wo alles „schwer, anstrengend und schmutzig" ist, er aber bereits voraussehen kann, wie es einmal besser sein wird. So empfindet er seinen Verstand in diesem Augenblick als **Bürde**, mehr noch, er unterstellt demjenigen, der dafür verantwortlich ist, dass er sich über ihn habe „lustig machen wollen", dass er mit ihm spiele. Seinen geplanten **Suizid** versteht er als seinen „Schachzug im Spiel“, als einen Akt der **Selbstbestimmung**, mit dem er sich von seinem Schöpfer emanzipiert. Denn mit diesem Schritt hat – davon geht Gauß aus – „der Himmel nicht gerechnet“.

Auch in **finanzieller Hinsicht** steht Gauß an einem Punkt, an dem er eine Entscheidung treffen muss. Schon für die Veröffentlichung seines Lebenswerkes musste er sich Geld leihen (vgl. S. 92), hat also keine Reserven mehr. So sieht er einem jahrelangen entwürdigenden „Broterwerb“ (S. 98) entgegen. Zudem fürchtet er „Schmerzen an Leib und Seele, sowie das langsame Verkümmern aller Fähigkeiten bis hin zur Schwäche des **Alters**“. Einem solchen Leben erteilt er mit seinem entschiedenen „Nein!“ eine deutliche Absage.

Rational betrachtet er seinen **physischen und psychischen Zustand** in dieser existenziellen Situation: Er empfindet nicht so viel Angst wie erwartet, doch sein Körper reagiert mit Rauschen des Blutes in den Ohren, „Zucken seiner Hände“, „kurzen Stößen seines Atems“. Er selbst betrachtet diese Phänomene wie ein Außenstehender, denn er kann sich beinahe darüber „amüsier[en]“. Die heftigen körperlichen Symptome stehen hier in einem starken **Kontrast** zu der „erstaunliche[n] Klarheit“ (S. 99) seiner Wahrnehmung, die ihn als **Geistesmenschen** charakterisiert.

Auf das Klopfen des Boten reagiert er zwar adäquat, beobachtet die Situation aber wiederum wie ein Zuschauer: „Eine Stimme, der seinen entfernt ähnlich, rief: Herein!“. In der Annahme, erneut eine Absage erhalten zu haben, spinnt er seinen Gedankengang vom **„Spiel des Lebens“** weiter und denkt über das **Jüngste Gericht** nach. Nach dem Bild, dass er sich von seinem Schöpfer macht, würde Gott aber ein Gericht mit Ankläger und Richter, so wie er es kennt, kaum veranstalten, da er von der Position des Richters in die des Angeklagten geraten könnte:

[...] manche Gegenfragen würden Gott nicht angenehm sein. Insekten, Dreck, Schmerz. Das Unzureichende in allem. Selbst bei Raum und Zeit war geschlampt worden. Falls man ihn vor Gericht stellte, gedachte er, ein paar Dinge zur Sprache zu bringen. (S. 99)

Das, worüber er mit Kant nicht mehr sprechen konnte, würde er dann in höchster Instanz diskutieren. Zwar lässt sich aus der Textstelle insgesamt auf Gauß' **authentisches Leiden** schließen. Allerdings spricht aus seinen Gedanken insofern auch ein starkes **Selbstbewusstsein** – vielleicht auch seine Hybris –, als er mit Gott in jenen Disput über die Einrichtung der Welt treten zu können meint, den er mit den aus seiner Sicht minderbemittelten Mitmenschen nicht führen kann.

Seine „tauben Hände[]", mit denen er den Brief öffnet, zeigen seine Erregung, die auch die Ursache dafür sein mag, warum er einen wichtigen Schritt vergisst: Er legt den Brief (fast) ungelesen zur Seite und greift gleich nach dem Giftfläschchen. Und ausgerechnet sein (Bauch-)**Gefühl** rettet diesen **Verstandesmenschen** davor, einen „lebensgefährlichen" Fehler zu machen. Sein Verstand braucht ungleich länger, bis er begreift („Er schloß die Flasche, überlegte schärfer, kam noch immer nicht darauf."): Sein Leben hat wieder einen Sinn, Johanna wird ihn heiraten. Gauß' Leben(sgeschichte) geht weiter.

Am Ende der Reise (S. 207–209)

(„Dann besuchten sie die Ruinen von Teotihuacán [...] nicht mehr wie ein junger Mann aussah.")

Humboldt ist bei seiner Südamerika-Reise mittlerweile bis nach Mexiko gekommen. Seine Berühmtheit ist auf einem Höhepunkt, er wird von Journalisten begleitet, aber seine Reise strebt in diesem Kapitel ihrem Ende zu – über Nordamerika wird er nach Europa zurückkehren. Dies bedeutet nicht nur räumlich einen **Wendepunkt** in Humboldts Leben.

„Dann besuchten sie die Ruinen von Teotihuacán. Sie schienen zu groß für menschliche Erbauer. Auf einer geraden Chaussee gelangten sie zu einem von Tempeln umstandenen Platz. Humboldt setzte sich auf den Boden und rechnete [...]." (S. 207)

Bei der Erforschung der Ruinen von Teotihuacán finden wir einen anderen Humboldt vor als zu Beginn der Reise. Nicht Humboldt besteigt die größte der Pyramiden (Sonnenpyramide), sondern Bonpland. Humboldt sitzt unterdessen inmitten der Ruinen auf dem Boden und schaut und rechnet – ein Verhalten, das an Gauß erinnert. Auch steht Humboldt nicht auf, bevor er ein Ergebnis vorweisen kann. Auch dies lässt an Gauß' Beschreibung eines Wissenschaftlers denken (vgl. S. 247). Typisch für Humboldts Methode, Wissen zu gewinnen, bleibt, dass er sich auf Reisen, also vor Ort befindet und sich wissenschaftlicher Instrumente bedient, um die Welt durch **Messungen und Beobachtungen** zu erfassen.

Humboldt ist beeindruckt von der Leistung der Erbauer der Stadt, die als Kalender konstruiert worden ist; er stellt aber auch fest, dass seine Erkenntnisse viele neue Fragen aufwerfen. Gleichzeitig ist er schockiert von den Opferzahlen zu einer Tempeleinweihung, die ihm u. a. der spanische Vizekönig nennt.

Bonpland bemerkt die Veränderung Humboldts, der bisher bei der Erlangung neuen Wissens glücklich, manchmal gar euphorisch war und dafür selbst Leichen ausgegraben und eingepackt hat. Diesmal „bedrückt" ihn sein Wissen, da es seinem **Weltbild** zuwiderläuft, demzufolge wissenschaftliche Erkenntnis Fortschritt – auch moralischer Natur – mit sich bringt (vgl. S. 238). Der gebildete, aufgeklärte Mensch soll ein guter Mensch sein. Der **Klassiker** glaubt an das „Wahre, Schöne und Gute" als Einheit. Für Humboldt gehören **Bildung** und **Humanität** zusammen. Hier aber sieht er einen Zusammenhang, der Angst machen kann: „So viel Zivilisation und so viel Grausamkeit [...]." (S. 208) Aus seiner Perspektive kann er noch sagen bzw. hoffen, dass dies in Deutschland anders ist und dort sein Welt- und Menschenbild (noch) stimmt. Vielleicht nimmt er deshalb Bonplands Vorschlag auf und beschließt, nach Europa zurückzukehren. Vorher allerdings muss er alles Angefangene zu einem sinnvollen Abschluss bringen. Er will zunächst die Ruinen von Teotihuacán weiter untersuchen. Die kulturkritische Dimension – die Gleichzeitigkeit von Kultur bzw. Intelligenz und Grausamkeit – will er dabei jedoch ausblenden, indem er die „*erschreckend intelligent* geschichteten Steine verstehen lernen" will, „als wären sie *Teil der Natur*". Auch hier wendet er also die schon häufiger beobachtete Strategie an, unliebsame Tatsachen einfach zu ignorieren. Intelligenz ohne Menschlichkeit scheint Humboldt nicht akzeptieren zu wollen.

Außerdem will er vor seiner Heimreise noch dem Auftrag Goethes nachkommen, die Theorie des „Neptunismus"[14] zu prüfen. Er vermutet schon lange, dass diese nicht zutreffend ist, weiß aber, dass Goethe (und Werner) ein anderes Ergebnis (von ihm) erwarten. Doch aus Gefälligkeit kann Humboldt nicht die Wissenschaft verraten. So begibt er sich zum Vulkan Jorullo, dessen Erstbesteiger sich ihnen als Führer aufdrängt und Humboldt als „Laien" und später als „vollkommen irre" bezeichnet, als dieser sich in den Krater abseilt. Ein letztes Mal **riskiert** Humboldt **Leben und Gesundheit** für seinen Erkenntnisgewinn: Den Neptunismus kann er so widerlegen.

Als sie mit dem Schiff nach Havanna zurückkehren, gibt Humboldt zu, dass er „froh" sei, „daß es zu Ende gehe". Einen Grund dafür erkennt Bonpland, dem just in diesem Moment auffällt, dass Humboldt „zum erstenmal nicht mehr wie ein junger Mann aussah". Aber das fortschreitende **Alter** ist wohl nur ein Grund unter anderen für die Rückreise.

Humboldt hat viel Wissen gewonnen, das ihm hilft, **Ordnung** in seine Welt, in seinen „**Kosmos**" zu bringen. Aber er hat auch erfahren, dass es Erkenntnisse gibt, die sich nicht in diese Ordnung einfügen lassen und die sein Welt- und Menschenbild ins Wanken bringen.

Zurück in Europa, wird er sich sofort daran begeben, seinen gewonnenen Erkenntnissen Struktur zu geben. Bis zu seinem Lebensende wird ihm das ein grundlegendes Bedürfnis sein (vgl. S. 293). So unterschiedlich Gauß und Humboldt zum Teil auch sind, verfolgen sie doch zeitlebens das *gleiche Ziel*: Sie wollen wissen/**Wissen**. Und beide Wissenschaftler sind weit gekommen auf diesem Weg.

Zwei alte Wissenschaftler (S. 292 f.)

(„Alle um die große Tafel […] immer zu Hause geblieben.")

Am Ende seines Lebens steht Humboldt zwar noch im Mittelpunkt großer Gesellschaften, wie z. B. hier in Sankt Petersburg, **als Entdecker und Wissenschaftler** aber spielt er **keine Rolle mehr**: Seine Methoden sind zum Teil überholt und die Pionierarbeit, die er in Südamerika noch leisten konnte, haben in Russland bereits andere für ihn erledigt (vgl. S. 275, 278). Unterhalten konnte er nie, sodass nicht mehr als eine „konfuse[] Tischrede" (S. 292) von ihm zu erwarten ist, die auf traurige Weise deutlich macht, dass er im Alter mehr und mehr zur

Karikatur seiner selbst wird und an seinem eigenen Anspruch scheitert. Um seine Situation etwas versöhnlicher zu betrachten, muss er in Gauß' Perspektive, also eine Außenperspektive schlüpfen: Sie hätten viel Glück im Leben gehabt, denn „kein Kannibale hat Sie gegessen, kein Ignorant mich totgeschlagen". Diese Überlegungen, die aufgrund von Kehlmanns ungewöhnlicher Erzähltechnik nicht eindeutig einer der beiden Hauptfiguren zugeordnet werden können, überzeugen in Bezug auf Humboldt weniger als in Bezug auf **Gauß**. Dieser hat mit seinem Lebenswerk zur **Begründung der modernen Wissenschaft** beigetragen, seine Art, Erkenntnisse zu gewinnen, wird die der Zukunft sein. Auch in familiärer Hinsicht hat er das erfülltere Leben gehabt. Und wenn er auch lauter genörgelt und geschimpft hat, so ist ihm doch eher „alles leichter gefallen" (vgl. S. 292) als Humboldt. Gauß wurde als Genie geboren, Humboldt hat sich durch Arbeit und Disziplin zu dem gemacht, was er ist, und hat dabei viel von sich aufgeben müssen.

Gauß' Weltbild ist seit jenem entscheidenden Tag am Ende des Kapitels „Die Zahlen" im Prinzip gleichgeblieben. Dennoch revoltiert er nun nicht mehr gegen seinen Schöpfer, sondern er nimmt die Dinge mit Gelassenheit und Fatalismus: „Und was jetzt geschieht, ist nur, was einmal geschehen mußte: Unser Erfinder hat genug von uns." Und er, der Dichter stets verachtete, Wilhelm von Humboldt und seinen eigenen Sohn deshalb sehr verletzte, trägt nun ein Puschkin-Bändchen samt russischem Wörterbuch mit sich herum, liest also einen russischen Nationaldichter.

Sogar in gesundheitlicher Hinsicht ist Gauß, der sich sein ganzes Leben über Befindlichkeitsstörungen beklagte, nun zufrieden. Er hat zwar immer noch Bauchschmerzen und nun noch einiges mehr, aber dennoch ist „seine Gesundheit gar nicht übel. Andere waren gestorben, er war noch hier. Immer noch konnte er denken, zwar nichts allzu Kompliziertes mehr, aber für das

Nötigste reichte es.“ Er lässt mittlerweile sogar Ideen gelten, die er noch vor einiger Zeit kategorisch ablehnte: „Aber lichtschluckender Äther. So ein Unsinn.“ (S. 246) – „Vielleicht gebe es ihn ja doch, den lichtlöschenden Äther.“ (S. 292) So passt es auch ins Bild, dass er die über ihm schwankenden Baumwipfel bemerkt, was an das bereits im Kapitel „Der Fluß“ von Humboldt wiedergegebene Goethe-Gedicht *Wandrers Nachtlied – Ein Gleiches* erinnern kann, dessen letzte Zeilen lauten: „Warte nur, balde / ruhest du auch.“ Doch von einer (Be-)Drohung ist nichts zu spüren, zumal die Wipfel noch in Bewegung sind. Gauß' Leben verläuft in den gewohnten Bahnen: Er tut dieselben Dinge wie immer, allerdings mit einem veränderten Anspruch: „[S]päter in der Nacht würde er ans Fernrohr gehen und mehr aus Gewohnheit, als um noch etwas zu finden, das Band der Milchstraße in die Richtung der fernen Spiralnebel verfolgen.“ Gauß scheint versöhnt mit der Welt und ihrem Schöpfer dem Tod entgegensehen zu können.

Humboldt hingegen, der zeitlebens versucht hat, die Welt um sich herum zu ordnen, kämpft diesen (immer aussichtsloser werdenden) Kampf weiter. Angesichts des schnellen Anstiegs von Wissen und Erkenntnissen ist ein Wissenschaftler, der von der Beobachtung einzelner Phänomene ausgeht, schnell verloren. Doch der alte Humboldt ist nicht mehr in der Lage, seine Methode der **neuen Zeit** anzupassen, sondern träumt weiter von einer alle Tatsachen umfassenden Enzyklopädie des Wissens:

> *Tatsachen, wiederholte Humboldt, die verblieben noch, er werde sie alle aufschreiben, ein ungeheures Werk voller Tatsachen, jede Tatsache der Welt, enthalten in einem einzigen Buch, alle Tatsachen und nur sie, der ganze Kosmos noch einmal, allerdings entkleidet von Irrtum, Phantasie, Traum und Nebel; [...] so ordne sich die Wirrnis zur Begreiflichkeit, und man fasse Mut.* (S. 293)

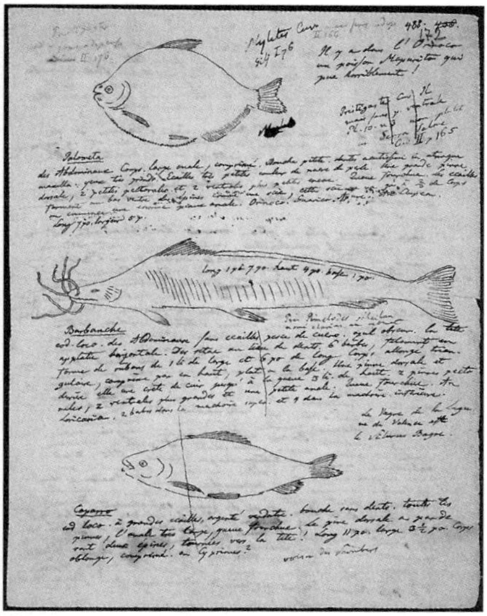

Handschriftliche Aufzeichnungen des historischen Alexander von Humboldt.

„Tatsachen, wiederholte Humboldt, […] er werde sie alle aufschreiben, ein ungeheures Werk voller Tatsachen […].“ (S. 293)

Humboldt ist durch seine humanistische Erziehung nicht der Mensch, der sich in die Mutlosigkeit fallen lässt, er macht weiter. Und weiterhin stehen seine Überlegungen im Zeichen des Versuchs, die Unordnung der Welt und die Unsicherheit des Menschen zu bannen: „Fakten und Zahlen, […] die könnten einen vielleicht retten.“ Doch schon die Tatsache, dass Humboldt diese Worte „mit unsicherer Stimme“ spricht, verdeutlicht die Fragwürdigkeit dieses Unterfangens. So ahnt er, dass Gauß es in Bezug auf die Wissenschaften doch weiter gebracht hat als er. Denn dieser kann z. B. die Bahnen der Himmelskörper „in einfache Formeln fassen“ (S. 293) und so viel **effizienter** Ordnung in die Vorgänge der Welt und des Weltraumes bringen, sie berechenbar machen, sie vermessen. Beide Wissenschaftler haben zwar ihren Beitrag zur „Vermessung der Welt“ geleistet. Aber Humboldt, der Weltenbummler, hat das Gefühl, „auf einmal nicht mehr sagen [zu] können, wer von ihnen weit herumgekommen war und wer immer zu Hause geblieben“

(S. 293). Diese Überlegungen bilden den Abschluss der Romanhandlung um die beiden Wissenschaftler und verweisen so auf den wissenschaftlichen Paradigmenwechsel, den Kehlmanns Werk immer wieder andeutet (vgl. RfeH, S. 83): An die Stelle des wissenschaftlichen Ansatzes, die **konkreten** Einzeltatsachen detailliert zu verzeichnen, indem man die Welt bereist und Dinge ansammelt, tritt Gauß' modernere Herangehensweise, durch Nachdenken und **Abstraktion** Regeln und Gesetzmäßigkeiten abzuleiten.

Rezeption und Wirkung

Die Vermessung der Welt ist bisher Daniel Kehlmanns **erfolgreichster Roman**. Unmittelbar nach seinem Erscheinen **am 23. September 2005** brachte beinah jede renommierte Tages- bzw. Wochenzeitung eine Rezension heraus. Der größte Teil der Rezensionen äußert sich außergewöhnlich positiv zu Kehlmanns Roman:

Bereits am 24. 9. 2005 erschien in der **Süddeutschen Zeitung** eine Rezension von Ijoma Mangold[15], für den *Die Vermessung der Welt* der „komischste[] deutsche[] Roman dieses Jahres" ist. Besonders hebt er hervor, dass die Romanhandlung „immer an einer Grenze angesiedelt" sei, zwischen „Rationalität" und „metaphysisch Irrsinnige[m]". Den Autor bezeichnet er als „größte Begabung der jüngeren deutschen Literatur". Sprachlich charakterisiere den Roman die **Verknappung**. Die dadurch entstehenden Leerstellen schüfen „Raum für eine süffisante **Komik**".

Auch Martin Lüdke lobt den Roman in seiner am 28. 9. 2005 in der **Frankfurter Rundschau**[16] erschienenen Rezension. Er bezeichnet *Die Vermessung der Welt* als „Abenteuerroman", der „humorvoll" von zwei großen Deutschen erzählt:

> *Die Helden des Romans sind durchdrungen von dem Gedanken des wissenschaftlichen Fortschritts. Sie sind Protagonisten der Aufklärung. Und auch schon ein Stück weit, ihr Opfer. Erst in dieser Einsicht kristallisiert sich die Aktualität aus der Vergangenheit heraus.*

So ist für ihn *Die Vermessung der Welt* kein „historischer Roman", sondern ein „aktuelles Buch, das mit historischem

Personal agiert“. Autor und Roman würdigt er, indem er vom „Alterswerk eines jungen Schriftstellers“ spricht.

Als einer von wenigen äußert sich Hubert Winkels in der ZEIT[17] vom 13. 10. 2005 kritisch über den Roman. Ihm bleibt der Autor zu „nah an den Lebensläufen“ und bringt seiner Ansicht nach zu wenig „Erkenntnis“. Auch fehlt ihm eine stärkere Präsenz des „Metaphysischen“, das ihm in Kehlmanns früheren Romanen gefallen hat. Er vermisst den „Gegenwartsbezug“, sieht das Werk nur als „lehrreiche Doppelbiografie“. Abschließend macht er dem Autor das Kompliment, dass er ihm mehr zugetraut hätte.

Wiederum positiv besprochen wird Daniel Kehlmanns *Die Vermessung der Welt* in der **Frankfurter Allgemeinen Zeitung** vom 22. 10. 2005. Hubert Spiegel fühlt sich durch das Werk auf „subtile, intelligente und witzige Weise unterhalten“[18], was ihn gerade bei einem deutschen Roman angenehm überrascht. Er sieht hier u. a. die wichtige Frage aufgeworfen, wann die positiv besetzte **Aufklärung** zur „**Entzauberung der Welt**“ geführt habe.

Sehr schnell erklomm der Roman Platz 2 der Belletristik-Bestsellerliste im SPIEGEL, die bei seinem Erscheinen von *Harry Potter und der Halbblutprinz* angeführt wurde, doch bereits zu Beginn des Jahres 2006 stand *Die Vermessung der Welt* auf Platz 1 und blieb dort für ganze 37 Wochen.

Nach Angaben des Rowohlt-Verlages wurden bis Juli 2010 bereits fast 2 Millionen Exemplare der deutschsprachigen Ausgabe verkauft. Volker Hage spricht in einem SPIEGEL-Artikel, in dem er das Folgewerk *Ruhm* rezensiert, von der *Vermessung der Welt* als einem „**Megabestseller**“ und nennt Kehlmann einen „**Starautor**“.[19]

Doch der plötzliche und große Erfolg war – was man bei dem Thema vermuten könnte – kein auf Deutschland begrenztes Phänomen. Die New York Times veröffentlichte am 15. 4. 2007 eine Liste der 2006 **weltweit meistverkauften Bücher**. Darin steht *Die Vermessung der Welt* an zweiter Stelle. Das Werk wurde nach Informationen des Rowohlt-Verlages mittlerweile in 40 Sprachen übersetzt.[20]

Auch als Schullektüre und Prüfungsstoff hat sich der Roman – und dies ist für ein so junges Werk sehr ungewöhnlich – inzwischen durchgesetzt.

Die *Vermessung der Welt* erschien bereits im September 2005 auch als **Hörbuch**, gelesen von Ulrich Matthes. Im Jahr 2007 hat der Norddeutsche Rundfunk auf der Grundlage des Romantextes ein **Hörspiel** produziert (Regie: Alexander Schuhmacher, ca. 172 Minuten).

Szene aus der Bühnenadaption des Romans am Staatstheater Braunschweig

Als **Theaterstück** inszeniert wurde der Roman erstmals ziemlich genau drei Jahre nach seinem Erscheinen von Dirk Engler, dessen Dramenversion am 26. 9. 2008 vom **Staatstheater Braunschweig** uraufgeführt wurde. Exakt ein Jahr später (26. 9. 2009) folgte eine auf dieser Bühnenadaption basierende

Aufführung am **Deutschen Theater Göttingen** in einer Inszenierung von Mark Zurmühle.

Bereits im Januar 2010 bekundete der Regisseur Detlev Buck sein Interesse an Kehlmanns Roman *Die Vermessung der Welt.* In einem in der WELT erschienenen Interview (17. 1. 2010) sagte Buck, ihm gefalle, wie Kehlmann Geschichte betrachte, und zwar „ohne Pathos, nicht verklärt“[21]. Er konnte den Romanautor selbst als Drehbuchschreiber für die Verfilmung gewinnen: „Eine eigenständige Fassung, die im Geist sehr nah am Buch ist“[22], sagt Kehlmann selbst über das Drehbuch. Formal musste vor allem die indirekte Rede in Dialoge umgewandelt werden. Dennoch sei auch das Drehbuch „unkonventionell“, sogar „schräg“, Letzteres auch aufgrund der Ideen Bucks.[23] Im Oktober 2011 begannen die Dreharbeiten (teilweise in Anwesenheit Kehlmanns). Der an Geschichte und neuen Medien gleichermaßen interessierte Kehlmann begrüßt, dass die Verfilmung des historischen Stoffes in 3D erfolgt. Im Herbst 2012 kommt der Film in die Kinos.

Literaturverzeichnis

Verwendete Textausgabe

KEHLMANN, DANIEL: *Die Vermessung der Welt.* Reinbek bei Hamburg (Rowohlt Taschenbuch Verlag), 2008.

Weitere Textgrundlagen

KEHLMANN, DANIEL: Wo ist Carlos Montúfar? Über Bücher. Reinbek bei Hamburg (Rowohlt), 2006 (2. Auflage).
(zitiert als *CM*)

KEHLMANN, DANIEL / KLEINSCHMIDT, SEBASTIAN: *Requiem für einen Hund. Ein Gespräch.* Reinbek bei Hamburg (Rowohlt), 2010.
(zitiert als *RfeH*)

KEHLMANN, DANIEL: *Diese sehr ernsten Scherze. Poetikvorlesungen.* Göttingen (Wallstein), 2009 (3. Auflage).
(zitiert als *DseS*)

KEHLMANN, DANIEL: *Lob. Über Literatur.* Reinbek bei Hamburg (Rowohlt), 2010.
(zitiert als *Lob*)
- Diese sehr ernsten Scherze, S. 125–168.
- Die Katastrophe des Glücks. Dankesrede zur Verleihung des WELT-Literaturpreises, S. 169–179.
- Die Lichtprobe. Eröffnungsrede der Salzburger Festspiele 2009, S. 179–189.

Weiterführende Werke

ARNOLD, HEINZ LUDWIG (Hrsg.): *Text und Kritik*, Zeitschrift für Literatur, I/08 (Januar 2008), Heft 177: Daniel Kehlmann, München (edition text und kritik).
(zitiert als *Text und Kritik*)

GASSER, MARKUS: *Das Königreich im Meer. Daniel Kehlmanns Geheimnis*. Göttingen (Wallstein), 2010. (anspruchsvolle Studie zu Daniel Kehlmanns Werken)

NICKEL, GUNTER (Hrsg.): *Daniel Kehlmanns „Die Vermessung der Welt"*. Materialien, Dokumente, Interpretationen, Reinbek bei Hamburg (Rowohlt Taschenbuch Verlag), 2009 (3. Auflage). (zitiert als *NICKEL*)

Rezensionen

LÜDKE, MARTIN: *Doppelleben einmal anders.* In: *Frankfurter Rundschau* vom 28. 9. 2005. (zitiert als *LÜDKE*)

MANGOLD, IJOMA: *Da lacht der Deutsche und der Franzose staunt.* In: *Süddeutsche Zeitung* vom 24. 9. 2005.

SPIEGEL, HUBERT: *Daniel Kehlmann: „Die Vermessung der Welt" – Der Schrecken lässt sich messen, aber nicht bannen.* In: *FAZ* vom 22. 10. 2005.

WINKELS, HUBERT: *Als die Geister müde wurden.* In: *Die Zeit* vom 13. 10. 2005.

Internetressourcen

http://www.kehlmann.com/

http://de.wikipedia.org/wiki/Daniel_Kehlmann

http://www.spiegel.de/thema/daniel_kehlmann/ (Sammlung von SPIEGEL-Artikeln zu Daniel Kehlmann)

http://www.faz.net/s/Rub1DA1FB848C1E44858CB87A0FE6AD1B68/Doc~EA152D60DA48E4539AC35DDC63D3DAB89~ATpl~Ecommon~Scontent.html
(Interview mit Daniel Kehlmann vom 9. 2. 2006)

http://www.welt.de/kultur/article1344786/Die_Vermessung_der_Welt_ist_mein_Hauptgewinn.html
(Dankesrede zum WELT-Literaturpreis vom 10. 11. 2007)

http://www.stern.de/thema/daniel-kehlmann-die-vermessung-der-welt
(Sammlung von STERN-Artikeln zu Daniel Kehlmanns *Die Vermessung der Welt*)

Hörbuch / Hörspiel

KEHLMANN, DANIEL (Autor) / MATTHES, ULRICH (Sprecher): *Die Vermessung der Welt.* Universal Music, 2005 (5 CDs).

SCHUHMACHER, ALEXANDER (Regie): *Die Vermessung der Welt.* NDR-Hörspiel, 2007.

Bühnenbearbeitungen

ENGLER, DIRK (Regisseur): *Die Vermessung der Welt.* Uraufführung am Staatstheater Braunschweig, 26. 9. 2008.

Verfilmungen

BUCK, DETLEV (Regie): *Die Vermessung der Welt*
(in Vorbereitung)

Anmerkungen

1 http://www.welt.de/kultur/article1344786/Die_Vermessung_der_Welt_ist_mein_Hauptgewinn.html

2 Daniel Kehlmann: Ironie und Strenge, in: Wo ist Carlos Montúfar? Über Bücher, Reinbek bei Hamburg 2006 (2. Auflage), S. 142

3 http://www.kas.de/wf/de/71.4201/

4 http://www.welt.de/kultur/article1236923/WELT_Literaturpreis_geht_an_Daniel_Kehlmann.html

5 http://www.welt.de/kultur/article1344786/Die_Vermessung_der_Welt_ist_mein_Hauptgewinn.html

6 http://de.wikipedia.org/wiki/Thomas-Mann-Preis

7 http://www.tagesspiegel.de/zeitung/ich-mache-mich-jetzt-sicher-unbeliebt-daniel-kehlmann-findet-oesterreichs-nationaldichter-thomas-bernhard-verlogen/1245580.html

8 http://www.kehlmann.com/inhalt30.html

9 Informationen aus: www.welt.de/kultur/article200914/Wenigstens_einmal_richtig_gefeuert.html

10 Nestlé, Wilhelm (Hrsg.): *Aristoteles. Hauptwerke.* Taschenausgabe Band 129, Stuttgart (Kröner), 1953, S. 350

11 Wölfel, Kurt (Hg.): *Lessings Werke.* Band II: Schriften I. Schriften zur Poetik, Dramaturgie, Literaturkritik, Frankfurt a. M. (Insel), 1967, S. 215

12 Schiller, Friedrich: *Sämtliche Werke.* Band V: Erzählungen, Theoretische Schriften, München (dtv), 2004, S. 390

13 Vgl. Interview auf http://www.kehlmann.com/inhalt30.html

14 Für die überholte Theorie des Neptunismus sind alle Gesteine Sedimentgesteine (d. h. Ablagerungen aus dem Wasser der Ozeane).

15 Ijoma Mangold: *Da lacht der Deutsche und der Franzose staunt.* In: Süddeutsche Zeitung, 24. 9. 2005

16 Lüdke, Martin: *Doppelleben einmal anders.* In: *Frankfurter Rundschau,* 28. 9. 2005

17 Winkels, Hubert: *Als die Geister müde wurden.* In: *Die Zeit,* 13. 10. 2005

18 Spiegel, Hubert: *Daniel Kehlmann: „Die Vermessung der Welt" – Der Schrecken lässt sich messen, aber nicht bannen.* In: *FAZ,* 22. 10. 2005

19 Hage, Volker: *Ich habe sehr gelitten.* In: *Spiegel* 2/2009, S. 124–125

20 Vgl. zur internationalen Rezeption Stein, Julia: *„Germans and humor in the same book".* In: Nickel, S. 136–150

21 Wilton, Jennifer: *Was ist ein Buck?* In: *Die Welt,* 17. 1. 2010

22 http://www.lvz-online.de, 26. 10. 2011

23 *Die Presse,* 10. 11. 2011

(Bitte blättern Sie um)